JN113463

Q&A

医療機関・介護施設における
ハラスメント対策

─現場対応のポイント─

著　井口　博（弁護士）

新日本法規

は　し　が　き

　2021年12月、大阪市北区の心療内科クリニックで患者が診療室に放火し、26名もの患者、医師、医療スタッフが亡くなるという悲惨な事件が起きました。2022年1月、埼玉県ふじみ野市で、訪問診療中に患者の家族が発砲し、医師が亡くなり理学療法士が重傷を負うという事件が起きています。このような重大な事件以外にも、日常的に医療や介護の現場での患者や家族からの暴力やハラスメント被害は少なくありません。逆に患者やその家族が、医師、看護師、介護職員から暴力やハラスメント被害を受ける場合もあります。また、病院やクリニックなどの医療機関や介護施設の職員間の暴力やハラスメント被害も少なくありません。

　このような現状の中で、いま改めて医療、看護、介護の現場での暴力やハラスメント被害の防止と対策の必要性が叫ばれています。

　この本では、医療機関や介護施設における暴力とハラスメント被害の防止と対応方法などについてＱ＆Ａの形式で解説しています。

　医療機関や介護施設における暴力とハラスメントは現場のスタッフの努力だけでは防止できません。何よりもトップや管理職が暴力とハラスメントのない医療現場、介護現場を作るという決意が不可欠です。

　この本が医療機関や介護施設で働くすべての人、そして患者やその家族の方々に役立つことを願っています。

　最後に、この本の内容を細部までチェックしてくれた東京ゆまにて法律事務所の横田由紀子弁護士と、編集に多大なご尽力をいただいた新日本法規出版の酒井恵輔氏に心より感謝いたします。

　2023年2月

弁護士　井　口　　博

著 者 略 歴

弁護士　井　口　　　博（東京ゆまにて法律事務所）

［経　歴］
1974年　一橋大学法学部卒業
1976年　一橋大学大学院（修士課程）中退
1978年〜1989年　横浜地裁判事補、奈良地裁葛城支部判事補、法務省訟務検事、大阪地裁判事
1989年　退官・弁護士登録
1992年　ジョージタウン大学法科大学院（修士課程）修了
1996年　東京ゆまにて法律事務所開設

［現在までの主な役職］
私立病院顧問弁護士（1989年〜）・国公私立大学顧問弁護士（1996年〜）・ハラスメント防止対策委員及び調査委員（1996年〜）・司法試験考査委員（2008年〜2010年）・社会福祉法人（保育園開設）評議員（2016年〜）・世田谷区社会福祉事業団（介護施設開設）監事（2019年〜）

［主な著書・論文・訳］
『教育・保育機関におけるハラスメント・いじめ対策の手引―大学・小中高・幼保の現場対応―』（新日本法規出版、2021年）
『パワハラ問題―アウトの基準から対策まで』（新潮新書、2020年）
「大学におけるハラスメント―その現状と防止対策」ダイバーシティ21第4号（特集　大学・医療機関におけるハラスメント）7頁（2011年）
『アメリカ雇用差別禁止法』（訳）（マック・A.プレイヤー著）（木鐸社、1997年）

略　語　表

<法令等の表記>

　根拠となる法令等の略記例及び略語は次のとおりです（〔　〕は本文中の略語を示します。）。

　雇用の分野における男女の均等な機会及び待遇の確保等に関する法律第4条第2項第1号＝雇均4②一

　令和2年5月29日基発0529第1号＝令2・5・29基発0529第1

雇均〔男女雇用機会均等法〕	雇用の分野における男女の均等な機会及び待遇の確保等に関する法律
労働施策推進〔労働施策総合推進法〕	労働施策の総合的な推進並びに労働者の雇用の安定及び職業生活の充実等に関する法律
セクハラ指針	事業主が職場における性的な言動に起因する問題に関して雇用管理上講ずべき措置等についての指針
パワハラ指針	事業主が職場における優越的な関係を背景とした言動に起因する問題に関して雇用管理上講ずべき措置等についての指針
公益通報	公益通報者保護法
高齢虐待〔高齢者虐待防止法〕	高齢者虐待の防止、高齢者の養護者に対する支援等に関する法律
〔ストーカー規制法〕	ストーカー行為等の規制等に関する法律
民	民法
〔プロバイダ責任制限法〕	特定電気通信役務提供者の損害賠償責任の制限及び発信者情報の開示に関する法律
労契	労働契約法
〔労働者派遣事業法〕	労働者派遣事業の適正な運営の確保及び派遣労働者の保護等に関する法律

＜判例の表記＞

　根拠となる判例の略記例及び出典の略称は次のとおりです。

　札幌地方裁判所令和3年7月16日判決、労働判例1250号40頁
　　＝札幌地判令3・7・16労判1250・40

判時	判例時報	労経速	労働経済判例速報
判タ	判例タイムズ	労判	労働判例
民集	最高裁判所民事判例集	労ジャ	労働判例ジャーナル

目　　次

第1章　ハラスメントの基礎知識

第2章　医療機関におけるハラスメント

第3章　介護施設におけるハラスメント

索　　引

第 1 章

・・・・・・・・・・・・・・・・・・・・・・・・・

ハラスメントの基礎知識

2

1　ハラスメントの種類

　　ハラスメントには、セクハラやパワハラ、マタハラのほかにどのようなハラスメントがありますか。また新しいハラスメントとしてはどのようなハラスメントがありますか。

　　ハラスメントには、セクハラやパワハラ、マタハラ以外にジェンダー・ハラスメント、LGBTについてのSOGIハラスメントなどのほか、新しいハラスメントとして、SNSハラスメントやテレハラ、新型コロナウイルス感染症に関するコロハラ・ワクハラなどがあります。

> 解　説

1　主なハラスメントと新しいハラスメント

　ハラスメントには、セクハラ、パワハラ、マタハラのほかに、次のようなものがあります。

① 　ジェンダー・ハラスメント（固定的な性的役割意識に基づくもの）
② 　SOGIハラスメント（LGBTへの差別意識に基づくもの）
③ 　カスタマー・ハラスメント（顧客や取引先からのハラスメント）
④ 　レイシャル・ハラスメント（人種等の差別意識に基づくもの）
⑤ 　エイジ・ハラスメント（年齢に関するハラスメント）

　このうち、特にカスタマー・ハラスメントは、医療・介護施設では患者や利用者からのハラスメントとして深刻な問題の一つになっています。カスタマー・ハラスメントについて詳しくはQ7を参照してください。

ハラスメントは人によっては50以上もあると言われています。とにかく相手が自分の気に入らないことをしたときに何でもハラスメントだと主張するのは（ハラスメント・ハラスメント、略してハラ・ハラと言われます。）好ましくないのですが、新しいハラスメントに対する認識と対応は必要です。

2　新しいハラスメント

新しいハラスメントとしては、SNSハラスメント（TwitterやFacebook等のソーシャル・ネットワーキング・サービスによるハラスメント）、テレハラ（テレワークに関するハラスメント）、コロハラ・ワクハラ（新型コロナウイルス感染症に関するハラスメント）などがあります。SNSハラスメントについてはQ8を参照してください。

この中で、コロハラは、新型コロナの陽性者に対して、「感染はあなたの不注意だ」「こんな時に飲みに行くからだよ」などと言ったり、新型コロナの陽性者に対しての根拠のない配置転換や退職勧奨をすることなどがそれに当たります。

ワクチン・ハラスメントも広がっています。ワクチンを接種していない人を社内に貼りだしたり、不必要に業務担当を変えたりするなどの例があります。2021年5月に日弁連がワクハラの電話相談を受け付けたところ、全国から2日間で208件の相談があったということです。

このコロハラとワクハラのアウトとセーフの境界線はどこにあるでしょうか。それは、その言動が相手の人格を傷付けるものかどうか、言い換えれば相手の人としての尊厳を否定するものかどうかと、その言動が不合理なものではないかで区別します。

限界事例としては、会社が新型コロナ感染防止のために社内でのマスク着用を業務命令として義務付けるのは会社によるハラスメントな

のかという問題があります。ある社員が、自分はマスクを付けない主
義だといっても新型コロナの感染によって業務に影響が生じる場合
は、会社がマスク着用を義務付けることは不合理ではないのでハラス
メントとはいえないでしょう。ただマスク着用をしない社員をいきな
り配置転換したり、解雇までするのはハラスメントになります。

2　職場でのセクハラと法律

　職場でのセクハラ防止と対応について法律ではどのように定められているのでしょうか。

　職場におけるセクハラについては、男女雇用機会均等法にセクハラの定義が定められています。2019年に同法は、セクハラ相談をした労働者に対する不利益な取扱いを禁止するなどの改正がなされています。

解　説

1　男女雇用機会均等法のセクハラの定義

職場でのセクハラについては男女雇用機会均等法11条1項で次のように定義されています。

　「職場において行われる性的な言動に対するその雇用する労働者の対応により労働者がその労働条件につき不利益を受け、又は性的な言動により労働者の就業環境が害されること」

この要件は

① 職場において行われる

② 性的な言動に対するその雇用する労働者の対応により労働者がその労働条件につき不利益を受け

③ 又は性的な言動により労働者の就業環境が害される

という要素からなっています。

　この中で、「職場」とは、当該労働者が業務を遂行する場所のことを指しますので、取引先の事務所、取引先と打合せをするための飲食店、テレワークの自宅など、労働者が業務を遂行する場所であればすべて

「職場」に含まれます。医療・介護の業務としては、往診先や訪問介護先などが含まれることになります。

　また「労働者」とは、いわゆる正規雇用労働者だけでなく、パート労働者、契約社員などいわゆる非正規雇用労働者など事業主が雇用する労働者のすべてを指します。派遣労働者も労働者派遣事業法によって労働者に含まれます。

　この定義で「雇用する労働者の対応により労働者がその労働条件につき不利益を受け」とあるのは「対価型セクハラ」といわれるもので、上司が部下に性的な関係を要求したが拒否されたため仕事を与えないなどの不利益な扱いをすることがその例です。

　また「性的な言動により労働者の就業環境が害される」とあるのは「環境型セクハラ」といわれるもので、上司が部下の腰や胸を触ったため部下が苦痛に感じ就業意欲が低下することがその例です。

2　男女雇用機会均等法の改正

　男女雇用機会均等法は、2019年のパワハラについての労働施策総合推進法の改正と合わせていくつかの改正がありました。この改正は2020年6月に施行されています。主な改正内容は次の点です。

　(1)　不利益取扱いの禁止（雇均11②）

　労働者がセクハラ相談をしたことや、労働者が会社によるセクハラ相談への対応に協力した際に事実を述べたことを理由として解雇などの不利益な取扱いをしてはならないことが規定されました。

　これは例えば、女性社員が上司からセクハラを受けたと相談した場合に、会社が上司をかばって、相談をした女性社員に対し配置転換などの不利益な扱いをしてはならないということです。

(2)　他の事業主への協力義務（雇均11③）

　事業主が他の事業主からセクハラの雇用管理上の措置の実施に関し必要な協力を求められた場合はこれに応ずるように努めなければならないと定められました。

　これは例えば、男性社員が他の会社の女性社員に対してセクハラをしたときに、女性社員の所属する他の会社が男性社員の所属する会社に事実調査に協力してもらいたいと言ってきたときにはそれに協力しなければならないということです。

3　職場でのパワハラと法律

　職場でのパワハラ防止と対応について法律ではどのように定められているのでしょうか。

　職場でのパワハラについては、2020年6月に施行された労働施策総合推進法改正法にパワハラの定義やパワハラに関する事業主の措置義務が定められています。またセクハラと同様に、パワハラ相談をした労働者への不利益取扱いの禁止なども定められています。

解　説

1　パワハラ防止法のポイント

　職場でのパワハラについては、2020年6月に施行された労働施策総合推進法改正法（いわゆるパワハラ防止法）にパワハラの定義やパワハラに関する事業主の措置義務が定められました。

　パワハラ防止法のポイントは(1)から(3)までの3点です。

　(1)　パワハラ3要件

　事業主に雇用管理上の措置を義務付けるパワハラの基準として次の3要件が定められました。

① 職場において行われる優越的な関係を背景としていること

② 業務上必要かつ相当な範囲を超えていること

③ 労働者の就業環境が害されること

　ただこの定義はあくまでも行政上の基準なので、各事業主がパワハラの要件としてより厳しい定義を定めてパワハラを防止することも検討すべきです。

　厚生労働省はこの3要件について、行政指導方針である「指針」でその内容を詳しく示しています（パワハラ指針）。

　①では、「職場において」とありますので、同じ会社の社員同士のパワハラが対象となります。「優越的な関係」というのは「その言動の行為者に対して抵抗又は拒絶することができない蓋然性が高い関係」とされています。このような関係は相当広くなるでしょう。また「背景としている」というのは「基づいて」より範囲が広くなります。

　②は、言動の業務上の必要性と態様の相当性です。指針では、この内容として、「社会通念に照らし、当該言動が明らかに当該事業主の業務上必要がない、又はその態様が相当でないものを指す」とされています（パワハラ指針2(5)）。ただこれでもこの要件に該当するかの線引きは困難です。

　③「就業環境が害される」というのは、指針では、「その労働者が身体的又は精神的に苦痛を与えられ、就業する上で看過できない程度の著しい支障が生じることをいう」とされています（パワハラ指針2(6)）。要するに、身体的・精神的苦痛があっただけでなく、それによって就業環境に影響が出ることが要件になっています。また、この就業上の支障は「平均的な労働者の感じ方」つまり個々人ではなく平均人基準で判断されるというのがポイントです。

（2）　事業主の雇用管理上の措置義務

　事業主にパワハラについての雇用管理上の措置を義務付けました。指針では次の4つの具体的義務を示しています（パワハラ指針4）。

①　事業主の方針の明確化及びその周知・啓発
②　相談に応じ、適切に対応するために必要な体制の整備
③　職場におけるパワーハラスメントへの事後の迅速かつ適切な対応
④　その他の措置（プライバシー保護や相談等で不利益取扱いをされないことの周知）

（3）　違反したときの罰則や事業主の公表

　事業主が雇用管理上の措置について厚生労働大臣への報告をしなかったり、虚偽の報告をしたときには20万円以下の過料という罰則が科せられます（労働施策推進41）。

　またパワハラ事案について厚生労働大臣からの助言、指導に従わず、勧告まで受けたにもかかわらずそれに従わないと事業者名と違反内容を公表されることがあります（労働施策推進33②）。

4　無意識ハラスメントとその原因

　　ハラスメントには、自分ではそのつもりがないのにハラスメントをしていたという場合があります。それはどのような原因によるのでしょうか。

　　ハラスメントにはそのつもりがないのにハラスメントをしていたという無意識ハラスメント（アンコンシャス・ハラスメント）が少なくありません。これは熱血コーチ型の上司に起こりがちです。また無意識の偏見や差別意識（アンコンシャス・バイアス）が原因になることもあります。

解　説

1　無意識ハラスメント（アンコンシャス・ハラスメント）

　無意識ハラスメントというのは自らの言動がハラスメントになることに気付かずにハラスメントをすることをいいます。

　それにはいろいろな場合があります。本人がハラスメントに無関心で無自覚な場合があります。パワハラが本人の性格や気質による場合はこの無自覚のハラスメントになることが多いでしょう。このハラスメントを防ぐのは非常に難しいのですが、研修等で本人が自らのパワハラ気質を自覚し、パワハラをしないようコントロールを求めます。

　次に、指導に熱心なあまりつい言動が行き過ぎてしまう場合があります。熱血コーチ型といってもよいでしょう。熱血コーチ型の場合は厳しい指導は本人のためという意識はあっても、それがハラスメントになっているという意識のないことが多いのです。熱血コーチ型までいかなくても、部下の指導に熱心な人ほどこの無意識ハラスメントを

しがちなので、行き過ぎがないかどうかについて常に注意が必要です。

2　アンコンシャス・バイアスによるハラスメント

　無意識ハラスメントの一つとして最近言われるようになったものとして、アンコンシャス・バイアスによるハラスメントがあります。アンコンシャス・バイアスというのは、無意識の偏見や差別意識、あるいは無意識の思い込みという意味です。

　例えば、「女性は男性のサブだ」というバイアスがあると、取引先から男性社員と女性社員が来た時に、女性が上司と分かると、「おっ、女性の方が偉いんですか」などというハラスメント発言が出て女性社員を不快にさせます。

　また、育児は女性のやることという偏見や思い込みがあると、男性社員に「この忙しいときによく育休なんてとれるな」というハラスメント発言が出て男性社員を不快にさせます。

　このアンコンシャス・バイアスによって、職場の人間関係を悪化させたり、取引先とのトラブルになるなどの悪影響が生じます。

　ハラスメントは、怒りっぽいとか相手の話を聞かないなどの性格面が強調されることが多いのですが、アンコンシャス・バイアスは誰もが持っていますので、アンコンシャス・バイアスによるハラスメントは、あらゆる人に起こり得るハラスメントといえます。

　アンコンシャス・バイアスによるハラスメントはその原因となっているアンコンシャス・バイアスを取り除かない限り防ぐことはできません。そのためには自らのバイアスに気付くことが必要です。企業ではこのバイアスについての研修をするところも出ています。筆者も企業研修向けにチェックテストを作っていますが（下表）、各企業でその業態に合わせたものを作るのがよいでしょう。

パワハラ傾向とアンコンシャス・バイアス
チェックテスト

（パワハラ傾向）
☐自分は短気で怒りっぽい。
☐自分が間違っていたと思っても謝ることはほとんどない。
☐仕事のできない社員にはイライラする。
☐いないでほしいとか目障りと思う社員がいる。
☐ミスをした社員の弁解は聞きたくない。
☐残業をしない社員は昇進すべきではない。
☐飲み会を断る社員にはムカッとする。
☐会社での自分のうわさ話が気になる。
☐厳しい言葉や行動によって指導をしないと人は育たない。
☐体罰は良くないとは思うが体罰する指導者の気持ちはよく分かる。
☐少しくらいなら社員に仕事以外のことを手伝わせてもよい。
☐社員の家庭環境やプライベートを細かく知りたい。

（アンコンシャス・バイアス）
☐女性は結婚して子育てに専念すべきだ。
☐受付や窓口業務は女性がやるべきだ。
☐片付けや掃除は女性の方が得意だ。
☐男性社員と女性社員がいると女性社員がサブだと見てしまう。
☐女性が上司になると嫌だ。
☐男性も女性も結婚して家庭を持つのが当たり前だ。
☐男性社員が育児休暇や介護休暇を取るのはおかしい。
☐自分の職場にはLGBTはいない。
☐外国人には日本のことは理解できない。
☐新型コロナウイルス感染症に感染するのは注意が足りないからだ。
☐テレワークをしたがる社員はやる気がない。
☐メンタルヘルスに問題のある社員はいてほしくない。

5　パワハラ該当性の判断基準

 　パワハラはパワハラに該当するかどうかがはっきりしないいわゆるグレーゾーンがあって、パワハラ該当性の判断が難しく困っています。パワハラ該当性についてはどのように判断すればよいのでしょうか。

 　パワハラ該当性についてのパワハラ防止法の定義は漠然としています。パワハラ該当性の判断としては、いくつかの肯定的要素と否定的要素に分けて検討するのがわかりやすいでしょう。

解　説

1　パワハラ防止法におけるパワハラ該当性の判断基準

　Q3のとおり、労働施策総合推進法改正法（いわゆるパワハラ防止法）は、パワハラの要件として、①優越的な関係を背景とすること、②業務上必要かつ相当な範囲を超えること、③労働者の就業環境が害されること、という3要件を定めました（労働施策推進30の2）。

　この中で最も判断が難しい要件は、②の要件でしょう。この要件の「必要かつ相当な範囲を超えた」とはどのようにして判断すればよいのでしょうか。

　この要件について、厚生労働省が示しているパワハラ防止法の解釈基準である「指針」では次のように示されています（パワハラ指針2(5)）。

　「業務上必要かつ相当な範囲を超えた」言動とは、社会通念に照らし、当該言動が明らかに当該事業主の業務上必要性がない、又はその態様が相当でないものを指し、例えば、以下のもの等が含まれる。

　・業務上明らかに必要性のない言動

・業務の目的を大きく逸脱した言動
・業務を遂行するための手段として不適当な言動
・当該行為の回数、行為者の数等、その態様や手段が社会通念に照らして許容される範囲を超える言動
　その上で、「指針」はその判断につき次のように示しています。

　この判断に当たっては、様々な要素（当該言動の目的、当該言動を受けた労働者の問題行動の有無や内容・程度を含む当該言動が行われた経緯や状況、業種・業態、業務の内容・性質、当該言動の態様・頻度・継続性、労働者の属性や心身の状況、行為者との関係性等）を総合的に考慮することが適当である。また、その際には、個別の事案における労働者の行動が問題となる場合は、その内容・程度とそれに対する指導の態様等の相対的な関係性が重要な要素となることについても留意が必要である。

　ただ、このような説明でもまだ漠然としていて分かりにくいところがあります。

2　パワハラ該当性の判断要素

　パワハラ該当性についての判断要素として、肯定的に判断される要素（＋要素）と否定的に判断される要素（－要素）に分けてみます。この判断要素の強さと具体例は次のようになります。
　肯定的要素としては次のようなものです。
・暴力行為（＋＋＋）　　暴行や傷害など
・威圧行為（＋＋）　　机を叩く、書類を破るなど
・強い口調・大声（＋＋）　　大声で怒鳴るなど
・脅迫行為（＋＋）　　「死ね」「辞めろ」など
・侮辱行為（＋＋）　　「ばか野郎」「小学生以下」「新入社員以下」「化石」など

・名誉毀損行為（＋＋）　「入社した時の成績はビリ」など

・長時間の叱責（＋）　叱責時間が過度に長いなど

・多数回の叱責（＋）　叱責の回数が過度に多いなど

・上司の地位（＋）　上司の強い優越的立場など

・公然性（＋）　他の社員のいる前での叱責など

・ノルマ設定（＋）　心身に大きな苦痛を与えるノルマなど

・仕事はずし（＋）　理由なしに業務させないなど

・プライバシー侵害（＋）　個人の私的領域に踏み込む言動など

・弁明を聞かない（＋）　弁明を聞かない一方的な叱責など

　否定的要素としては次のようなものです。

・業務上の必要性（－－）　指示、指導や叱責をすべき必要性

・業務の緊急性（－－）　業務上の緊急対応の必要性

・部下の大きなミス（－）　厳しい指導がやむを得ない事情

　ただこれらの要素については、個々にその要素の具体的な強弱や反復性などの事情もありますので、それらも考慮してパワハラに該当するかどうかを判断することになります。

6　上司による指導萎縮の防止

　　上司として部下を指導するときに厳しい言い方をすると パワハラだと言われるのがこわいので、つい指導が萎 縮してしまいます。このような萎縮はどのようにして防 げばよいのでしょうか。

A　　上司による指導の萎縮は、部下を育てたい上司にとっ ても実力をつけたい部下にとってもマイナスになりま す。これを防ぐための最もよい方法は、どこまでがパワ ハラになるかについて上司と部下が共通認識を持つこと です。

解　説

1　上司による指導の萎縮

　上司が部下を指導するときに、どこからがパワハラになるのかがわ からないので、自分の言動がパワハラにならないよう指導を萎縮して しまいがちになります。

　このような指導の萎縮は、パワハラになるかならないかの境界線が はっきりしないことからきています。労働施策総合推進法改正法（い わゆるパワハラ防止法）は、パワハラの要件の一つとして、上司の言 動が「必要かつ相当な範囲を超えること」と定めていますが、この必 要かつ相当な範囲というのが漠然としているため、上司がこの範囲を 超えることのないように、そのずっと手前の安全なところの言動で済 ませてしまうということになるのです。

　このような指導の萎縮は、部下を育てたい上司にとっても、上司か らの指導で力をつけたい部下にとってもマイナスになります。このこ

とは会社にとっても同様で、部下の指導に当たる管理職の指導が十分に行えないと会社経営が成り立たないでしょう。

2　指導萎縮の防止方法

このようなことをなくすにはどうしたらよいのでしょうか。

1つめは、何がハラスメントで何がハラスメントにならないか上司と部下で共通認識を持つことです。この方法は最も効果的で、会社全体でこれを行うとより効果があります。そのためには、ハラスメントについて管理職だけでなく、管理職以外の社員全体がハラスメントに対して正しい認識を持つ必要があります。会社は、ハラスメント防止というとすぐに管理職研修をするという発想になりがちですが、それだけでは管理職の萎縮はなくなりません。管理職以外の社員についての研修も必要です。管理職以外の社員に対してはハラスメント被害者にならないようにという研修は当然必要ですが、部下からのハラスメントもあることや、さらにはどういう場合にはハラスメントにならないかについても研修をすべきです。

2つめは、上司が指示や命令を一方的なものにせず、部下にその目的と効果などをしっかり伝えるということです。部下にとって、上司からの指示や命令が何を目的とし、どういう効果を目指しているのかなどが分からないと、その指示や命令が一方的でハラスメントと感じることがあります。それを防ぐためには、上司が、特に厳しい内容の指示や命令について十分な説明を怠らないようにすることです。また上司はその説明に対して部下からの意見も受け入れる寛容さも必要です。このようなコミュニケーションがあれば部下がハラスメントと感じることが少なくなるでしょう。

3つめは、上司からの指示や命令に対して部下が心身の苦痛を感じないようにすることです。部下から信頼されている上司であれば、上

司からの指示や命令が多少厳しくても、部下は苦痛を感じることなくその業務を遂行するでしょう。それどころか喜んでその仕事に取りかかるかもしれません。客観的に明らかに過重な業務については該当しませんが、このような場合は部下に身体的・精神的苦痛はなく、Ｑ 3 の解説1(1)パワハラ3要件の③の労働者の就業環境が害されていませんのでパワハラにはなりません。信頼される上司になるようにというのは、パワハラに関してはこのような意味があります。

7　患者や利用者からのカスタマー・ハラスメント（カスハラ）

 　医療機関・介護施設の患者や利用者、その家族からのハラスメントはカスタマー・ハラスメントになると聞きました。カスタマー・ハラスメントについて知っておくべきことを教えてください。

 　カスタマー・ハラスメントは顧客や取引先など職場外の者からのハラスメントをいいます。医療機関・介護施設の事業主は、患者や利用者、その家族からのハラスメントはカスタマー・ハラスメントとして適切に対応すべき義務を負っています。

解　説

1　医療機関・介護施設でのカスタマー・ハラスメントの実態

　カスタマー・ハラスメントとは、顧客からの暴言や取引先の社員からの迷惑行為などをいいます。医療機関・介護施設では患者や利用者、その家族からのハラスメントがこれに該当します。

　2020年10月に実施された厚生労働省委託の「職場のハラスメントに関する実態調査」では、回答した労働者8,000人のうち、過去3年間にカスタマー・ハラスメントを経験したことがあるとの回答は全体で15%にもなっています。業種別では、卸売業・小売業ではその割合が21.9%と高いのですが、医療・福祉ではその割合が18.9%と全体の15%よりも高くなっています。この割合は、宿泊業・飲食サービス業の16.4%よりも高くなっており、医療機関・介護施設でのカスタマー・ハラスメントが深刻であることを示しています。

2　カスタマー・ハラスメントについての法制度

　労働施策総合推進法改正法（いわゆるパワハラ防止法）は、カスタマーによるパワハラを事業主の雇用管理上の措置義務の対象とはしていません。パワハラ防止法の制定時にはカスタマーによるパワハラを措置義務の対象とするかどうかが審議会で議論されたのですが、カスタマーの範囲が明確ではないなどという理由で措置義務に含めることが見送られたという経緯があります。

　厚生労働省が2020年6月に出したパワハラ防止法の具体的な適用のための指針では、カスタマーによるパワハラについて、①相談に応じ適切に対応するために必要な体制の整備、②被害者への配慮のための取組、③マニュアルの作成や研修の実施等、を挙げています（パワハラ指針7）。ただこれらはあくまでも望ましい取組とされているだけで義務ではありません。しかし、一般の企業、特に医療機関・介護施設は、カスタマー・ハラスメントの深刻な実態からして、その被害実態の把握、必要な防止対応体制を整備すべきです。

　カスタマーによるセクハラについては、法文上は明確ではないのですが、男女雇用機会均等法11条1項の「職場において行われる性的言動」には、職場外の取引先、顧客、患者等による性的言動も含まれると解釈されています。またこのことがセクハラについての指針にも明記されました（セクハラ指針2(4)）。したがって、カスタマーによるセクハラについては事業主の雇用管理上の措置義務に含まれますので、事業主には必要な相談体制や被害対応が義務付けられています。

　さらにセクハラについての指針では、カスタマーからのセクハラについては、セクハラ行為者の所属する事業主に対し、事実確認の協力を求めること、再発防止に向けた措置への協力を求めることも事業主の措置義務に含まれるとしています（セクハラ指針4(3)）。ただ医療機関・介護施設におけるカスタマーとしての患者や利用者はおおむね個

人であり、会社などの事業主である法人に所属しているわけではありませんので、この指針がそのまま適用されることは少ないかもしれません。しかし、病院職員や介護職員が患者や利用者からセクハラ被害を受けたときには、その加害者に対して厳正に対応すべきことは措置義務の内容に含まれていると考えてよいでしょう。

3　職場内の者から職場外の者へのハラスメント

　カスタマー・ハラスメントは、職場外の者からのハラスメント被害ですが、社員や職員の職場外の者へのハラスメントもあります。

　医療機関での例としては、病院職員による看護実習生へのセクハラや病院職員による取引業者への暴言などです。また介護施設での例としては、介護施設の職員による利用者への虐待行為などです。

　これらを整理すると次のようになります。

(1)　セクハラ

　①　職場外の者から（カスタマー・ハラスメントなど）

　　　事業主の措置義務の対象となる。

　②　職場外の者へ

　　　事業主の措置義務の対象外。ただし事業主は被害者が所属する他の事業主の調査等に協力しなければならない（雇均11③）。

(2)　パワハラ

　①　職場外の者から（カスタマー・ハラスメントなど）

　　　事業主の措置義務の対象外。

　②　職場外の者へ

　　　事業主の措置義務の対象外。

8　ネットによるハラスメントと被害対策

 　　SNSなどのネットでプライバシーを侵害されたり、名誉毀損の被害を受けるなどのネットによるハラスメントの被害対策としてどういう方法がとれるでしょうか。最近、ネット中傷をした発信者を知るための法改正があったということですがどういう内容でしょうか。

 　　ネットによるハラスメントの被害対策としては、まずそのサイト等へ削除請求をして、それでも削除されないときは削除請求仮処分という裁判をします。発信者情報については、まずサイト等へ開示請求をして、それに応じないときは発信者情報開示請求の裁判をします。2022年10月、この発信者情報開示請求についてのプロバイダ責任制限法の改正法が施行され、開示を申し立てるための裁判手続が簡易化されています。

解　説

1　ネットによるハラスメント

　コンピュータのネットワークを使ったハラスメントを、最近ではサイバー・ハラスメントと呼んでいます。サイバー・ハラスメントには、企業へのハッキングなどのサイバー攻撃のほか、Twitter、Facebook、Instagram、LINEなどのSNS（ソーシャル・ネットワーキング・サービス）によるプライバシー侵害や名誉毀損等のハラスメント（SNSハラスメント）があります。

　現代は、あらゆる人がPCやスマホなどを通してコンピュータのネットワークに加われるようになっています。というよりも知らず知らず

のうちにネットワークに組み込まれているといってもよいかもしれません。特にSNSは誰もが簡単に書き込みができるため、その書き込みによるネット中傷が増加しています。

　総務省が運営する違法・有害情報相談センターでは、ネット中傷などの違法・有害なネット被害の相談を受け付けていますが、その相談件数は下の図のとおり年々増加しています。2021年度（令和3年度）は6,329件にもなり2010年度（平成22年度）の約5倍にもなっています。

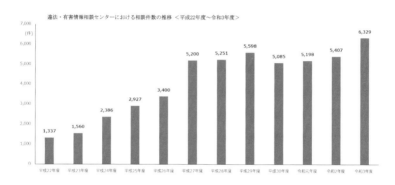

違法・有害情報相談センターにおける相談件数の推移 ＜平成22年度〜令和3年度＞

（出典：総務省ホームページ「令和3年度インターネット上の違法・有害情報対応相談業務等請負業務報告書（概要版）」）

　その相談内容についての別の統計では、相談にプライバシー侵害が含まれるものが約62％もあり、名誉毀損・信用毀損も約40％と高い割合を示しています。

2　ネットによるハラスメントに対する被害対策

　ネット中傷によるハラスメントの最大の特徴は、ネットに書かれたことが削除しないと短期間に拡散するということです。またもう一つの特徴は、ハラスメントの加害者であるネットの発信者がすぐには分からないことです。このことからまず行うべき被害対策としては、迅速な削除請求と発信者情報開示請求になります。

　まず削除請求は、そのサイト（コンテンツ・プロバイダー）に削除のフォームがあればそれによりますが、一般社団法人テレコムサービス協会の書式によることもできます。プロバイダーでは内容によって発信者に削除要請に応じるかを照会し、7日以内に反論がなければ削除します。

　このような手続でも削除できないときは削除請求仮処分という裁判をします。この裁判で決定が出ればネットの記事は削除されます。仮処分は決定までには通常1か月程度かかりますが、サイトが外国法人のときはもう少し時間がかかります。

　次に発信者情報開示請求は、プロバイダ責任制限法という法律に規定されている手続によります（なお、本法は2021年4月に改正されています。改正内容は後述します。）。まず書き込みがなされたサイト（コンテンツ・プロバイダー）に開示請求をするのですが、コンテンツ・プロバイダーは発信者の氏名や住所などの情報は持っておらず、IPアドレス（ネットワークに接続したPCやスマホへの割り当て番号）の情報しかありません。発信者が初めにネットに接続するために契約したプロバイダー（アクセス・プロバイダー）は発信者の住所・氏名の情報を持っていますので、このIPアドレスによってサービス・プロバイダーを特定するのです。

　そこでまずこのコンテンツ・プロバイダーに対してIPアドレスの開示請求をします。この請求で開示されなければ発信者情報開示請求仮処分という裁判をしなければなりません。そしてこの仮処分でIPアドレスが分かれば、それによって特定されたアクセス・プロバイダーに対して発信者の住所・氏名の情報開示請求をします。この請求で開示されなければ発信者情報開示訴訟という裁判をします。この裁判は仮処分ではなく本裁判なので判決が出るまでに通常6か月程度かかります。

　このようにして発信者の住所・氏名が分かれば、次にこの発信者に

対する損害賠償請求をすることになります。ここでも任意に支払がないときは裁判をしなければなりません。

　以上は民事上の手続ですが、刑事告訴をして加害者に対して刑事処分を求める場合は、加害者である発信者は捜査機関によって捜査されることになります。

　このように、改正前のプロバイダ責任制限法では削除請求仮処分・発信者情報開示請求仮処分・発信者情報開示訴訟の3つの裁判をしなければなりませんでした。これでは時間も費用もかかり被害者保護が不十分です。そこで、2021年4月、プロバイダ責任制限法が改正され、2022年10月1日から施行されています。

3　改正プロバイダ責任制限法による新たな裁判手続

　改正法のポイントは次の2つです。

　（1）　発信者情報開示請求のための裁判手続の簡易化

　令和3年法律27号の改正法によって、これまで必要だった発信者情報開示の2つの裁判が一回の裁判でできるようになりました。新たな裁判手続では、発信者情報開示命令の申立てとアクセス・プロバイダーの名称の提供を求めるための提供命令の申立てができます。また発信者情報の消去禁止命令も申し立てることができます。なお、改正法の施行以前の権利侵害事案でも、改正法による発信者情報開示命令の申立てを行うことができます。

　（2）　ログイン型投稿のアクセス・プロバイダーへの発信者情報開示請求

　TwitterやFacebookのようなログイン型投稿では、これらのアクセス・プロバイダーに発信者情報開示請求ができないのではないかという解釈上の問題がありました。しかし改正法によって、ログイン型投稿の場合も発信者情報開示請求ができるようになりました。

9　ハラスメント相談と改正公益通報者保護法

　ハラスメント相談で上司のパワハラを通告することがありますが、このことと公益通報者保護法とはどういう関係になるのでしょうか。最近この法律が改正されたと聞きましたがどのように改正されたのでしょうか。また医療機関・介護施設としてはどのような点に留意しなければなりませんか。

　2022年6月1日から施行された改正公益通報者保護法には公益通報の範囲を拡大するなど大きな改正がありました。医療機関・介護施設としてはどのような法令違反行為が通報の対象となるのかなどについて内容を把握しておく必要があります。

解　説

1　公益通報者保護法と2020年改正法

　企業の不正行為は内部からの通報によって明らかになることが少なくありません。企業の不正行為は国民生活に被害を及ぼすことがありますので、通報は正当行為として保護されるべきものです。また、事業者にとっても、通報に適切に対応し、リスクの早期把握と改善を図ることにより、企業活動や社会的信用を向上させることができます。

　このような観点から、2004年、公益通報者保護法が制定されましたが、2020年6月、より実効性を高めた改正法が成立しました。この改正法は2022年6月1日から施行されています。

　改正法の内容を踏まえた公益通報者保護法のポイントは次のとおりです。

　(1)　通報者として保護されるのは、社員、職員、パートタイマー、アルバイト、取引先の社員などで、改正法で、役員、退職して1年内の元社員も保護の対象となりました（公益通報2①）。なお通報者の通報が不正目的による場合は保護の対象ではありません。

　(2)　通報対象となるのは、刑法など、この法律で列挙されている約500の法律に規定された犯罪行為で、改正法により過料対象行為も対象となりました（公益通報2③）。また通報対象となる行為者は、法人、個人事業者のほか、役員、従業員などの役職員による行為がすべて含まれます。

　(3)　公益通報として保護されるための通報の要件は改正法によって拡大され次のようになっています（公益通報3）。

①　通報先が上司や内部通報窓口など内部の場合（1号通報）
　　通報事実が生じ、又はまさに生じようとしていると思料すること
②　通報先が所管行政機関の場合（2号通報）
　　通報事実が生じ、又はまさに生じようとしていると思料し、さらに一定の事項を記載した書面を提出すること
③　通報先が事業者や行政機関以外の外部への通報の場合（3号通報）
　　通報事実が生じ、又はまさに生じようとしていると信ずるに足りる相当の理由があり、さらに内部に通報すれば通報事実について証拠が隠滅されるなどのおそれがあると信ずるに足りる相当の理由があることなど、6つの要件のいずれかに該当すること

　(4)　事業者には内部通報対応体制の整備が義務付けられ（常時働いている労働者の数が301名以上の事業者）、さらに改正法により、公益通報対応業務従事者（公益通報を受け事実調査を実施し、是正措置を取る業務担当者）の通報内容についての守秘義務違反に対して罰金刑が定められました（公益通報11・12・21）。

2　公益通報の対象となる医療機関・介護施設の法令違反行為

　まず医療機関・介護施設での公益通報保護は、上記のポイントとの関係でまとめると次のようになります。

　（1）　公益通報者として保護されるのは、医療機関・介護施設に所属する役職員で、役員、正規職員、パート職員、アルバイト、派遣職員などが広く対象となります。また医療機関・介護施設との契約によって取引先である医療機関・介護施設の業務に従事している社員等も対象になります。

　（2）　通報対象となる法令違反行為として、刑法などの一般的な法律以外に、医療・介護関係で対象となる主な法律は次のようなものです。これらの法律で規定されている犯罪行為が対象になります。

　医師法、歯科医師法、保健師助産師看護師法、歯科衛生士法、理学療法士及び作業療法士法、臨床検査技師法、診療放射線技師法、医療法、感染症予防法、健康保険法、国民健康保険法、介護保険法、社会福祉法、老人福祉法、社会福祉士及び介護福祉士法、労働基準法、労働安全衛生法、労災保険法、労働者派遣法、労働施策総合推進法、男女雇用機会均等法、育児・介護休業法、個人情報保護法等

　（3）　通報先としては、①上司や医療・介護機関の内部通報窓口、②医療・介護を担当する国や自治体の所管行政機関、③報道機関、労働組合など、となります。

　（4）　医療機関・介護施設で一定規模の法人等は、内部通報窓口を設置すべき義務が課せられます。また通報の受付や調査に任じられた職員には通報者や内容等について守秘義務が課せられ、その違反については罰金刑に処せられることがあります。

3　具体例

　例えば、医療機関・介護施設の職員から、上司から仕事上のことで

叱責された際、興奮した上司から突き飛ばされて怪我をしたというハ
ラスメント相談があれば、上司の行為は傷害罪という刑法に該当する
犯罪行為ですので、その通告は内部通報になります。このような場合
はハラスメント相談を受けた窓口担当者は、ハラスメント相談内容が
通報に当たるとして公益通報者保護法の保護を検討すべきです。

10　医療機関・介護施設におけるハラスメント相談体制

 　医療機関・介護施設でのハラスメント相談窓口などの体制を作る上での注意点と、相談員として心得るべき点について教えてください。

 　ハラスメント相談に応じる体制を整備することは事業主の義務とされています。相談員の心得としては、まず言ってはならない言葉に気を付けることが必要です。また迅速・適切な対応と守秘義務等にも十分な配慮が必要です。

解　説

1　ハラスメント相談窓口の重要性

(1)　ハラスメント相談窓口の設置

　ハラスメントの防止と対応について、ハラスメント相談窓口はその初動対応として非常に重要な役割を持っています。法律上も、事業主には、ハラスメント相談に応じるための必要な体制を整備すべきことが義務付けられています。

　このハラスメント相談窓口の実情としては、例えば、2019年の介護現場についての厚生労働省委託実態調査（Q34参照）では、パワハラを受けたと感じた人のうち社内の相談窓口に相談に行ったと答えた人は男性4.4％、女性2.4％で合計3.5％しかいませんでした。このような低い割合では相談窓口として十分に機能しているとはいえません。医療機関・介護施設としてはどんな小さなことでも相談に来るような体制作りをすることが大切です。

　相談体制としては、独立した相談窓口の設置まではなくても、相談員を決めておくだけでもよいでしょう。

　相談に対応するのは、一人の相談員ではなく、男女1名ずつとするのが妥当です。また小規模な施設では難しいのですができるだけ相談者と異なった部署から選ぶのがよいでしょう。

　(2)　相談員の対応についての2つの職務

　相談員の相談に対する対応としては、大きく分けて2つの対応体制があります。それは、相談員がハラスメントの相談者だけでなく、行為者とされている相手からヒアリングをして解決に向けた職務を行う体制と、相談員が相談者の相談だけを職務として相談者の支援を行う体制です。

　多くの企業では、迅速な解決を図るために、前者の職務を行うことにしています。ただこの場合には、相談員は解決のために相談者に対して説得することもありますので、相談員と十分な信頼関係を作れないこともあります。相談員はいずれの職務の場合でも相談者との信頼関係を失わないようにすることが必要です。

2　ハラスメント相談員の3つの心構え

　ハラスメント相談員が相談を受けるについての心構えは次の3つです。この心構えが不十分で、相談者にさらなる心身の負担を与えてしまうことは、相談者に二次被害を与えてしまうことになりますので十分な配慮が必要です。

　(1)　相談内容の間口を広く

　ハラスメント相談としては、単なる上司への不満のようなハラスメントとはいえないような相談が来ることもあります。しかし相談窓口としてはどんな相談でも話をよく聞いて、解決のためのアドバイスをするようにすべきです。

　また相談者としては、被害者だけでなく、被害者の同僚や場合によっては患者・利用者・その家族以外の人からの相談もありえます。これらの場合についても相談の間口を広げて話を聞くことが大切です。

（2）　親身な聴き取り

　相談に際しては、相談内容に寄り添って親身にゆっくり聴くことが大切です。ましてや相談者をかえって傷つけるようなことは言ってはなりません。特に相談で絶対に言ってはならない言葉があります。私はそれを三大禁句と言っていますが、それは次のような言葉です。

・「あなたにも悪いところがあるのではないですか」
・「それくらいみんな我慢してますよ」
・「なぜやめてくださいと言わなかったのですか」

　それ以外にも要注意の言葉としては次のようなものがあります。

・「上司はあなたのためを思って言ったんだと思いますよ」
・「そんな上司はいくらでもいますよ。その上司はまだましです」
・「あなたプロなんでしょ。それくらい我慢しなきゃ」
・「こんなことで考えこんでたら、これからもっと大変ですよ」
・「私なんかあなたよりずっと大変な目にあってきてますよ」
・「仕事に打ち込めばそんなこと気にしなくなります」
・「早く忘れましょう。時間が解決してくれますよ」

　このように、相談員として受け答えやアドバイスについては十分に注意が必要です。相談員は、相談員による二次被害がないよう常に留意しなければなりません。

（3）　迅速・適切な対応

　ハラスメント相談の中には、緊急対応が必要で、そのままでは被害が拡大するおそれがあるという案件があります。その場合には、相談を迅速に進めるだけでなく、人事担当者に対して、行為者と被害者と

の引き離しなどの人事的措置を求めるなどをすべきです。

　また相談員として、守秘義務と相談記録などの情報管理には十分な配慮が必要です。相談内容はその相談者のプライバシーに大きく関わりますので、相談者の承諾なしにそれを他に伝えることのないようにしなければなりません。また、相談記録についても同様にプライバシー保護の点から厳重に管理し、相談内容の漏えい等のないようにすべきです。

11　医療機関・介護施設におけるハラスメント防止対応体制

 　医療機関・介護施設におけるハラスメント防止体制とハラスメント事案が起きたときの対応体制としてどのような配慮が必要でしょうか。

 　ハラスメント防止体制としては、①トップによるメッセージ、②規定の整備、③実態調査、④職員への周知・啓発、⑤研修などです。対応体制としては、ハラスメント防止対策委員会と調査委員会が不可欠な組織です。

解　説

1　ハラスメント防止体制

　ハラスメント防止体制としては、①トップによるハラスメント根絶宣言などのメッセージ、②就業規則等の規定の整備、③アンケートなどの実態調査、④職員への周知・啓発、⑤管理職、職員、相談員等に対する研修、が主なものです。

　①については、ハラスメント防止の第一歩としてのトップのハラスメント根絶に向けた宣言です。簡潔な内容で定めて施設内に掲示しておくのがよいでしょう。例えば、

> ○○病院ハラスメント根絶宣言
> 　職場におけるハラスメントは、人格や尊厳を傷つける行為です。当院はハラスメント行為を断じて許しません。当院は、ハラスメントをなくし、当院で働くすべての職員が互いに尊重し合い、安全で快適な職場づくりに取り組んでいきます。

というのがその一例です。

　②については、就業規則において、ハラスメント禁止と懲戒規定を設けるか、あるいは、詳細はハラスメント防止規程に定めるとしてハラスメント防止についての規定を設けるのが一般です。

　③については、アンケート調査は定期的に行い、また回収率を上げることが大切です。原則として匿名でのアンケートにして自由記述欄も設けます。その場合にハラスメント事案が書かれていることがありますが、記入者の探索はすべきではなく、アンケートの結果を公表する際に相談を促すようにします。また、アンケートを取っただけにならないようその結果を踏まえた具体的なアクションにつなげるべきです。これをしなければアンケートをした意味がありません。

　④については、研修とセットにして規程や相談から解決までのチャートで説明するのが効果的です。

　⑤については、役員、管理職だけでなく、できるだけ多くの職員が研修を受けるようにすべきです。また研修はパワーポイントでの説明だけではほとんど効果は期待できません。ワークショップなどの参加型の研修にすべきです。

　なお、小川圭子「組織がハラスメント防止規程を提示し、管理者・職員が共通認識を持つ」（看護71巻2号45頁（2019））には、医療機関における具体的なハラスメント防止体制がまとめられています。

2　ハラスメントが起きたときの対応体制

　ハラスメントが起きたときの対応体制として、ハラスメントを迅速・適切に解決するための対応組織を作っておく必要があります。

　対応体制として必要な組織は、ハラスメント防止対策委員会とハラスメント調査委員会です。この2つの組織は必須です。

　ハラスメント対応組織のチャートは下の図のハラスメント案件対応チャートのとおりです。このチャートでは、相談員はハラスメントの行為者とされている相手からのヒアリングもできることになっています。

　ハラスメント防止対策委員会は、ハラスメント対応の要となる組織で、相談員から上げられた案件の解決方法としてどのような手段を取るかを決めます。委員長には人事担当の役員など解決のための人事的な措置が迅速に取れる役職者が適切です。

　多くのハラスメント案件については、当事者間の認識のずれを修復したり、謝罪等を促すなどの調整という解決方法を採りますが、その案件について事実関係に争いがあり、解決のためにはその事実を確定する必要のある場合には、ハラスメント防止対策委員会の下に調査委員会を設置して事実調査をします。

　この調査委員には案件によって、証拠の評価や事実認定の手法などについての専門家として弁護士を加えることを検討します。特に事案が重大で懲戒処分が想定されるときは弁護士を加えるのがよいでしょう。調査委員会の任務はあくまで事実調査をすることですが、その事実に基づいたハラスメント該当性の判断についても意見を付してハラスメント防止対策委員会に報告するのが一般です。

　ハラスメント防止対策委員会は、調査委員会の調査報告に基づいて事実認定とハラスメント該当性の最終判断をして、その案件の解決を図ります。また懲戒処分相当と考えられる場合は当該医療機関・介護施設の理事会等に報告します。

　報告を受けた理事会等は、懲戒処分あるいは配置転換などの人事上の措置を検討します。

○ハラスメント案件対応チャート

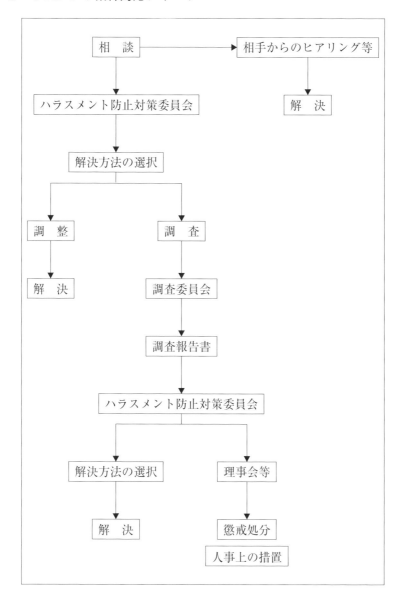

12　ハラスメントと加害者、医療機関・介護施設の民事責任

 　医療機関・介護施設の職員によるセクハラやパワハラについて、加害者の職員と、医療機関・介護施設にはそれぞれどのような民事責任があるのでしょうか。

 　加害者の職員には不法行為責任が生じます。ただ公務員によるハラスメントについては国や地方自治体が責任を負うだけで公務員個人は責任を負わないとされています。医療機関・介護施設には使用者責任と職場環境配慮義務違反による民事責任が生じます。

解　説

1　ハラスメント加害者の民事責任

　ハラスメントの加害者には、一般には不法行為責任（民709）が生じます。不法行為の要件としての権利侵害については、ハラスメントでは人格権の侵害とされています。

　セクハラについては男女雇用機会均等法、パワハラについては労働施策総合推進法改正（いわゆるパワハラ防止法）で定義が定められていますが、これらは正確にいうと、事業主に雇用管理上の措置を義務付けるための行政上の基準です。この基準は加害者のハラスメントの民事責任が生じる権利侵害の基準とは必ずしも重なりません。

　ある裁判例では、パワハラが不法行為となる基準として、「パワーハラスメントを行った者とされた者の人間関係、当該行為の動機・目的、時間・場所、態様等を総合考慮の上、企業組織もしくは職務上の指揮命令関係にある上司等が、職務を遂行する過程において、部下に対して、職務上の地位・権限を逸脱・濫用し、社会通念に照らし客観的な

見地からみて、通常人が許容し得る範囲を著しく超えるような有形・無形の圧力を加える行為」としています（東京地判平24・3・9労判1050・68）。この基準はセクハラ・パワハラの法律上の基準より狭くなっています。

　このように行政上の基準と裁判上の基準が異なっている結果として、あるハラスメント行為が行政上の基準に照らしてハラスメントに該当するとされても、それが裁判になったとき不法行為にならないことがありますので注意が必要です。

　ところで加害者が公務員の場合には適用される法律が異なります。公務員である加害者の公権力の行使に当たる職務については国家賠償法が適用になります。公務員の職務上の行為が不法行為に該当する場合は、使用者である国や地方自治体に賠償責任がありますが、国家賠償法の解釈として公務員個人の賠償責任はないとされています。このような解釈は公務員と非公務員間の不公平をもたらす等という批判が強いのですが、最高裁は一貫してこのように解釈しています。

2　医療機関・介護施設の民事責任

　医療機関・介護施設に所属する職員がセクハラやパワハラなどのハラスメントをしたときに医療機関・介護施設の民事責任としては、①使用者責任と、②職場環境配慮義務違反による責任という2つの責任が問われます。このうち②の職場環境配慮義務違反の法律構成は、不法行為責任と債務不履行責任の2つがあります。

　①については、医療機関・介護施設に雇用されている者がその職務についてハラスメントをした場合には、医療機関・介護施設は使用者として、加害者と連帯して不法行為責任を負います（民715①本文）。この責任には使用者が被用者の選任・監督について相当の注意をしたときは免責されることになっていますが（民715①ただし書）、判例上この免責が認められることはほとんどありません。

　使用者責任は、通常の勤務時間外でも適用されることがあります。例えば、懇親会での上司の言動について、東京高裁平成20年9月10日判決（判時2023・27）は、菓子店の店長の従業員に対する懇親会でのセクハラについて、懇親会は、店舗の営業に関連して店長が慰労と懇親のために出席して会を主導し、飲食費は店長が負担したこと等からして、職務との関連性があるとして使用者責任を認めています。

　②の職場環境配慮義務違反は、医療機関・介護施設が職員との労働契約について労働契約法5条の安全配慮義務の一つとして負う責任です。この義務違反については、不法行為と債務不履行の2つの法律構成がありますが、義務違反の内容は同じと見てよいでしょう。

　この①使用者責任と②職場環境配慮義務違反をハラスメントの加害者・被害者とで整理すると次のようになります。

(1)　加害者が職員で被害者が職員の場合（職員間のハラスメント）
　　　医療機関・介護施設の使用者責任・職場環境配慮義務違反
(2)　加害者が職員で被害者が機関・施設外の者の場合（職員による患者や利用者へのハラスメント）
　　　医療機関・介護施設の使用者責任

　このようにハラスメントの加害者・被害者ごとに医療機関・介護施設の責任が異なります。

3　使用者責任と安全配慮義務違反との関係

　雇用主の使用者責任と安全配慮義務違反が必ずしも重ならないことについては、パワハラによる自殺に基づく損害賠償請求事件についての徳島地裁平成30年7月9日判決（判時2416・92）があります。この裁判で裁判所は、上司による叱責は指導の範囲内であり不法行為とまではいえないとして使用者責任は否定しましたが、上司は労働者の体調不良や自殺願望まで知らされていたのに配置転換など適切な対応をしなかったことを雇用主の安全配慮義務違反として約6,000万円の損害賠償を認めています。

第 2 章

医療機関における
ハラスメント

44

13　医療機関におけるハラスメントと院内暴力

医療機関におけるハラスメントにはどのような種類がありますか。またハラスメントと院内暴力はどういう関係がありますか。

医療機関でのハラスメントとして、セクハラやパワハラ以外に、ネットによるハラスメント（SNSハラスメント）や新型コロナウイルス感染症に関するハラスメント（コロハラ・ワクハラ）など新しいハラスメントが数多く現れています。ハラスメントは暴力の一つですが、被害者に身体的・精神的に重大な被害を与える行為は、院内暴力という言葉で表すのが適切です。

解　説

1　医療機関におけるハラスメントの種類

　病院や医院などの医療機関におけるハラスメントとして、Q1の解説にあるとおり、セクハラ、パワハラ、マタハラなどのほかに、新しいハラスメントとして、最近はネットによるハラスメント（SNSハラスメント）や新型コロナウイルス感染症に関するハラスメント（コロハラ・ワクハラ）などの新しいハラスメントが数多く現れています。

　医療機関での主なハラスメントをまとめたものが本設問末尾の表です。この表にあるように、ハラスメントには、相手の胸倉をつかむなどの身体的ハラスメントと、暴言や嫌がらせなどの精神的ハラスメントに分かれ、さらに加害者・被害者別に分かれます。

　医療機関においては、患者とその家族、医師・看護師などの医療従

事者、事務職員のそれぞれが加害者・被害者となるハラスメントが起きることがあります。これらはそれぞれに特徴や背景が異なります。

２　ハラスメントと院内暴力の関係

　医療機関内で起きる暴力行為については「院内暴力」という言葉が使われます。もちろん院外でも医療行為の際に起きる暴力は院内暴力です。一般に、院内暴力という言葉は、患者やその家族から、医師、看護師等の医療従事者、事務職員への身体的暴力について使われることが多いようです。

　ではハラスメントと院内暴力の関係はどうとらえればよいのでしょうか。暴力とは、法律的には、相手の身体的・精神的人格権を侵害することです。ハラスメントも優越的な関係等に基づいて相手の人格権を侵害することですから、ハラスメントは暴力の一つといえます。ただ相手に対し身体的・精神的に重大な被害を与える行為はもはやハラスメントという言葉では表せず、暴力という言葉が適当です。例えば強制わいせつ罪に当たるような行為はハラスメントというよりも性暴力と表現する方が実態に合います。

　本書では、患者やその家族から、医師、看護師等の医療関係者、事務職員に対し、暴行や暴言等によって相手に身体的・精神的に重大な被害を与える行為を院内暴力と呼ぶことにします。

○医療機関における主なハラスメント

身体的・精神的	種　類	加害者	被害者・具体例
身体的ハラスメント	セクハラ・パワハラ	患者・家族	医師・看護師・事務職員など ＊看護師の胸を触る ＊事務職員の胸倉をつかむ
			他の患者・家族

		医師	患者・家族
			医師・看護師・事務職員など
		看護師・事務職員など	患者・家族
			医師・看護師・事務職員など
精神的ハラスメント	セクハラ・パワハラ・マタハラ	患者・家族	医師・看護師・事務職員など ＊「やぶ医師」 ＊「看護師さっさとやめろ」
			他の患者・家族
		医師	患者・家族
			医師・看護師・事務職員など ＊「看護師として失格」
		看護師・事務職員など	患者・家族
			医師・看護師・事務職員など ＊「あなたは小学生以下」
	SNSハラスメント・コロハラなど	患者・家族	医師・看護師・事務職員など ＊ネットで医師を中傷 ＊「コロナがうつる」
		医師	医師・看護師・事務職員など
		看護師・事務職員など	医師・看護師・事務職員など

14　患者や家族からのクレーム（苦情）とハラスメント

医療機関では患者や家族からさまざまなクレーム（苦情）が出され、それがハラスメントやさらには院内暴力につながることがあります。クレームに対してはどのように対応すればよいのでしょうか。

患者や家族の医療機関に対する不満は多種多様で、また原因も多岐にわたります。このような不満がクレーム（苦情）という形になるのですが、クレームという形であってもまず不満を表に出してもらうことが大切です。その上でそのクレームが対応できるものかどうかで分け、対応できないものについてもできるだけ誠実に説明すべきです。しかしクレームの手段や内容が不当なものはハラスメントや院内暴力として対応すべきです。

解　説

1　患者からのクレーム（苦情）の実態と原因

（1）　患者からのクレームの実態

　医療機関では、患者やその家族から、医療行為や待ち時間などの対応、医師、看護師、事務職員等の応答や態度についての不満や不快感からさまざまなクレーム（苦情）が出されることがあります。

　医療に対するクレームの実態として、医療安全支援センターが受け付けた苦情相談を見てみましょう。医療安全支援センターは医療法6条の13に基づいて都道府県や市区等に置かれており、患者や家族等からの苦情や相談を受け付けています（図1参照）。このうち都道府県医療安全支援センターが2019年4月から2020年3月までの1年間に受け付

けた件数は、苦情件数が1万6,610件、相談件数が2万6,855件とかなり
の数になっています。

　患者やその家族の多くはクレームを伝えたくても、このようなこと
を言うと医師や看護師等に悪く思われて治療に影響が出るのではない
かとの心配から、なかなかクレームは出しづらいものです。クレーム
の中には、医療機関がより良い医療サービスを提供するきっかけとな
ったり、日常では分からない患者のニーズを把握できるなど有益なク
レームがあります。このような有益なクレームは医療機関としては歓
迎すべきものです。医療機関にとってはこのような有益なクレームを
どのように出してもらうかが課題の一つになります。

　しかしながら、暴力や暴言を伴う行き過ぎたクレームはハラスメン
トや院内暴力になります。このようなクレームは無益であるばかりか
医療業務の妨害となります。医療機関はこのような行き過ぎたクレー
ムに対してどのように対応するかを考えておくことがもう一つの課題
になります。

○図1　医療安全支援センター体制図

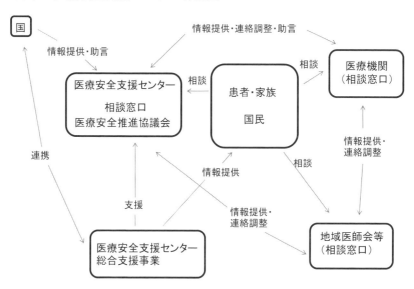

(2)　患者からの行き過ぎたクレームの原因

　患者やその家族からの行き過ぎたクレームの原因は、次の3点にまとめることができるでしょう。

①　患者やその家族の病気に対する不安やストレス

　　どの患者やその家族も自身の病気の症状そのものや、病気の進行について大きな不安やストレスを抱えています。このような不安やストレスから医師や看護師、事務職員などに対してつい感情的になり、行き過ぎたクレームになることがあります。

②　医療行為に対する過度の期待

　　患者やその家族は医療機関に最善の医療を求め、医療機関はそれに答えて最善の医療を目指します。そのときに、医療機関としては最善であっても、患者がその医療行為や対応に満足せず、医療機関に過度の期待を持って医療機関にとって対応できないことを求めることがあります。

③　医師、看護師等のクレームに対する寛容性

　　医師、看護師等は、患者への配慮から、患者のクレームに対してやむを得ないとか仕方ないという寛容的な考え方が生じてしまいます。患者への配慮は必要なことですが、患者がこのことをはき違えて、医師や看護師には何を言ってもよいと思ってしまうと行き過ぎたクレームになることがあります。

2　患者のクレームとハラスメント・院内暴力

　行き過ぎたクレームの3つの原因は、病気の種類や症状の程度、患者の医療に対する考え方など患者ごとにさまざまな形で現れますが、これらがハラスメントや院内暴力につながることがあります。

　患者や家族の医療機関に対する不満の対応と、それがハラスメントや院内暴力につながる流れは図2のとおりです。この図のとおり、患

者やその家族の不満がハラスメントや院内暴力につながる場合としては2種類あります。

　一つは、クレームそのものがハラスメントや暴力という形を取る場合です。この中には医療機関として対応すべき内容の場合があります。例えば医師や看護師の不手際は、そのこと自体は改善すべきものとしても、クレームの態様として大声で非難するなどの行き過ぎた態様の場合はハラスメントになります。

　もう一つは、医療機関として対応できない内容の場合に、患者に説明や説得をしても納得しないときに、ハラスメントや暴力という形を取る場合です。この場合もハラスメントや暴力は不当なものですので厳しく対応すべきです。

　ここで注意すべきことは、対応できない内容のクレームについてもできるだけ誠実に説明することです。このクレームにすぐに不当クレームのレッテルを貼って強硬な態度で対応することは避けるべきです。クレームの手段と態様としてどこまでが許容値か、許容値を超えたときにどういう対応をとるかということは前もってマニュアル化しておくのがよいでしょう。

○図2　ハラスメントや院内暴力につながる流れ

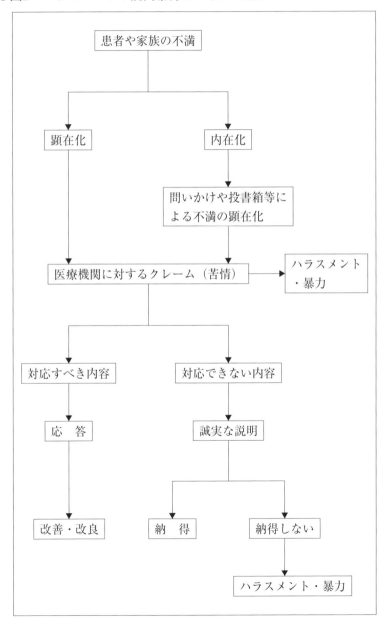

15　患者から医師・看護師への暴言

　A病院のB医師が手術後の患者Cを病室で診察中、見舞いに来ていた患者Cの夫Dが、「あんたの手術ミスでこうなった。手術の説明もいい加減だった。どう責任を取ってくれるんだ！」とB医師に大声で詰問しました。このようなケースはハラスメントになるのでしょうか。

　患者やその家族の医療行為に対する不満による言動が行き過ぎた手段や態様による場合はハラスメントになります。ただ患者やその家族が医療行為の結果について感情的になることはやむを得ない場合もありますので、感情が収まり冷静な対話ができるように場所を変えるなどして丁寧な対応をすべきです。

解　説

1　患者から医師への暴言

　患者やその家族の医療行為に対する不満による言動が行き過ぎた手段や態様による場合はハラスメントになります。ただ患者やその家族が感情的になることはやむを得ない場合もありますので、ただちにハラスメントとして対応するのではなく、感情が収まり冷静な対話ができるように場所を変え、場合によっては日を改めるなどして丁寧な対応をすべきです。

　本設問で、患者の家族のDはB医師の手術結果に不満を持ちB医師へ大声で詰問しています。この言動の態様そのものとしては行き過ぎたものといえるでしょう。ただ医療機関としては、病気を抱える患者

やその家族の心情を理解し、Dの発言をただちにハラスメントとして
対応するのではなく、Dとの冷静な対話の場を設定できるようにすべ
きです。

　その上で、そのクレームが医療機関として対応すべき内容か、ある
いは対応できない内容かに分ける必要があります。もしB医師の手術
に何らかの医療ミスの可能性があるケースでは、医療安全管理部など
の部署で引き取って対応することなどを検討しなければなりません。

2　患者の暴言がハラスメントや院内暴力になる場合

　患者やその家族が担当医や看護師からの説明に納得せず、医師や看
護師に対しての度重なる大声での詰問や、医師や看護師に対する人格
を否定するような発言が繰り返される場合は、患者やその家族による
ハラスメントあるいは院内暴力として対応すべきです。

　このような場合には医療機関の規模にもよりますが、できれば担当
医や看護師ではなくクレーム担当の部署の職員が対応するのが望まし
いでしょう。多くの場合、担当医や看護師は当該患者対応に既に疲弊
していることが多いことと、別の担当者によることで対話の場面設定
を変えることができるからです。

　クレーム対応のための対話が困難な場合には、医療機関において患
者の指摘する問題について調査委員会を設置することも検討すべきで
す。このような手続を進めることによってその問題に対する客観的な
視点を提供できるからです。

3　患者の医師に対する暴言についての裁判例

　東京地裁平成26年5月12日判決（平25(ワ)3492）は、ある患者が病院で
再三にわたり長時間居座って、病院で受けた手術等の医療行為に大声

で不満を述べたり、手術の説明や謝罪を要求するなどして業務を妨害
しているとして、病院が、その患者に対して病院への立ち入り禁止等
と診療契約上の債務と損害賠償債務の不存在確認を求めた事案です。

　裁判所は、債務不存在確認は認めたのですが、患者の言動は意図的
に騒いだり粗暴な行動に出た様子はなく、病院の業務に著しい支障が
出たとまではいえないとして、立ち入り禁止等は認められないとしま
した。ただ同種の行為が繰り返される可能性がある場合には、立ち入
り禁止が認められるケースもあるでしょう。

16　患者から医療機関に対するネット中傷

　　あるネットの口コミサイトに、匿名で、Ａ病院について、「病院の受付の女の態度の悪さはピカイチ！」などと書かれた投稿がありました。Ａ病院はこの投稿者に対して損害賠償請求をするため、この口コミサイトのプロバイダーに発信者情報の開示請求をしましたが、開示を拒否されました。このようなときはどのようにしたらよいでしょうか。

　　プロバイダーが発信者情報を開示しないときはそのプロバイダーに対して発信者情報開示請求の裁判をする必要があります。この事例ではこの書き込みが名誉毀損に当たるかどうかが問題になります。この事例の元になった判決では、この書き込みは名誉毀損に当たるとして発信者情報開示請求を認めています。

解　説

1　医療機関のネットでの名誉毀損被害

　医療機関に対してネットの口コミサイトなどで名誉毀損に当たるような書き込みがなされることがあります。このような書き込みは単に医療機関や医師、医療従事者らの社会的評価を低下させるだけでなく、顧客に誤った情報を提供し、医療機関の業務に大きな影響を与えます。その意味では業務妨害という要素も無視できません。このようなネット中傷は、ネットによるハラスメントとして医療機関は即時に対応する必要があります。

　Q8の解説のとおり、医療機関に対しSNSなどネットで名誉毀損に当たるような書き込みがあったときには、削除請求、発信者情報開示請求、発信者に対する損害賠償請求、刑事告訴などの手段を検討する必要があります。

　ネット中傷は刑事犯罪として、名誉毀損罪、業務妨害罪などのほか、侮辱罪が成立する場合もあります。侮辱罪については、2022年7月から法定刑に懲役・禁錮・罰金が加わり厳罰化されました（刑法231）。

　本設問の事例は、東京地裁令和3年2月24日判決（令2(ワ)19904）を元にしたものです。この裁判では、ネットの掲示板の病院についての書き込みの内容が発信者情報開示請求の要件の一つである「権利侵害の明白性」、つまり名誉毀損として権利が侵害されたことが明白かどうかが争点になりました。

　原告の医療法人は、この書き込みは病院の社会的評価を低下させるもので名誉毀損であると主張しました。しかし被告のプロバイダーは、病院は世間から評価や批判を甘受すべき立場にある、投稿内容は真実あるいは真実であると信じるについて相当の理由がある等と主張しました。

　裁判所は、この投稿は、一般の閲覧者の普通の注意と読み方とを基準とすれば、本件病院の職員の配置や教育が適切に行われていない等の印象を与えるとし、病院の社会的評価を低下させるもので名誉毀損に当たり原告の権利侵害の明白性があるとして病院の発信者情報開示請求を認めました。

2　最近の医療機関による発信者情報開示請求の主な裁判例

　口コミサイトやSNSによる不当な書き込みや投稿に対しての発信者情報開示請求裁判は最近非常に多くなっています。この裁判では、書

き込みが投稿者の個人的な感想にとどまるか、それを超えて社会的評価の低下があるとして名誉毀損に当たるかが主な争点となります。

　裁判例をみますと、信頼関係を前提とする医療機関については社会的評価の低下を広く認め、発信者情報開示請求を認容する傾向があります。医療機関としては積極的に発信者情報開示請求をして権利侵害に対する積極的な対応をすべきです。

　最近の医療機関による発信者情報開示請求の裁判例としては、次のようなものがあります。

① 　東京地裁令和4年1月11日決定（令3(ヨ)2251）

　　ある歯科医院について、氏名不詳者によるネットの口コミサイトへの「院長先生は最悪ですよ。」「30年以上の歯医者通いで、初めて恐怖を感じる歯医者さんでしたね」などの書き込みは投稿者の印象にとどまり歯科医院の社会的評価を下げるものとまではいえないとして請求を却下しました。

② 　東京地裁令和3年10月28日判決（令3(ワ)14271）

　　ある精神科クリニックについて、氏名不詳者によるネットの口コミサイトへの「医師の診療はすべてが作業です。診療時間も早いと3分ほど」などの書き込みはこのクリニックが診療に値しない対応を患者に行っているとの印象を与えるとして発信者情報の開示を認めました。

③ 　東京地裁令和3年9月10日判決（令3(ワ)6807）

　　ある歯科医院について、氏名不詳者によるネットの口コミサイトへの「(受付の)電話の音切っているらしく受け付け申し込んでももうじき営業時間終わるので無理と高圧的に断られました」などの書き込みはこの歯科医院が不当に診療を拒否するような印象を与えるとして発信者情報の開示を認めました。

④　東京地裁令和3年9月2日判決（令3（ワ）12036）

　ある皮膚科クリニックについて、氏名不詳者によるネットの口コ
ミサイトへの「初期研修医の医師が禁じられている診療バイトをし
たり一人で保険診療を行ったりするのは違法です」などの書き込み
はクリニックの社会的評価を低下させるとして発信者情報の開示を
認めました。

⑤　東京地裁令和3年3月4日判決（令2（ワ）27307）

　ある眼科医院について、氏名不詳者によるネットの口コミサイト
への「高圧的、威圧的」「ここで見えなくなったという話も聞く」な
どの書き込みは、プロバイダーにおいて保存期間が経過したとして
消去されているとして発信者情報開示請求が棄却されました。

17　患者による看護師らへのセクハラ

　A病院に入院している男性患者Bは看護担当の女性看護師Cに、「彼氏いるの」とか、「寮に住んでるの」などと聞いてきます。このような患者にはどのように対応すればよいのでしょうか。

　医療機関は、患者による看護師や医療従事者に対するセクハラを決して軽視することなく、小さなことでも記録し報告を上げるようにし、内容に応じて厳しく対応すべきです。

解　説

1　患者による看護師に対するハラスメントの実態

　患者やその家族から看護師が受けるハラスメントは医療機関にとって極めて深刻な問題です。

　看護師は患者から身体的、精神的暴力を受けても、声を出すことができず、上司に被害について相談しても、「相手は病人なんだから我慢しなさい」とか「あなたに非があったのではないんですか」等と言われ、ハラスメントの二次被害を受けることもあります。

　患者による看護職に対するハラスメントの実態についてはいくつかの調査が実施されていますが、日本看護協会の「看護職員実態調査」（2017年）は、2,617人についての調査結果として、52.8%がこの1年間に職場でセクハラ・パワハラを受けた経験があると回答しており、うち患者によるものは8割弱にのぼるとしています。

　このような実態は看護師以外の医療従事者にも同様に当てはまるでしょう。また事務職員についてもセクハラ被害が生じることも忘れてはなりません。

2　患者からのセクハラに対する対応

　患者からの看護師らへのセクハラはいうまでもなく看護師らの人としての尊厳を損なう重大な人権侵害行為であり、被害を受けた結果としての精神的苦痛や身体的苦痛は深刻で、時として業務の継続を困難にします。医療機関としてはセクハラに対しては厳正に対応する必要があります。

　まず大事なことは、看護師らがハラスメントと感じたときはどんな小さなことでも記録し、その内容を上司に報告することです。患者やその家族からのハラスメント記録として書式を作成しておくと、記録、報告に役立ちます。もちろん医療機関として、ハラスメントと感じたときはどんな小さなことでも記録するようにという方針を現場に徹底しなければなりません。

　次に大事なことは、軽微なセクハラ発言であっても、その発言者に対して注意喚起をすることです。軽微なセクハラ発言については、嫌だと思ってもその場は笑ってやり過ごすことが多いかもしれません。しかしその場で不快であることを伝えられなくても、別の時に、本人からが難しければ上司等から、その発言者に対しセクハラ発言をたしなめ、再発防止を注意喚起すべきです。

　本設問の事例では患者の発言がセクハラであることは明らかですので医療機関としてこのような発言に対して厳重に抗議し、それでも再発する場合は入院契約の解除と退室請求まで検討すべきです。

18　患者から医師への院内暴力

　　個人医院を営むA医師が診察室で患者Bを診察していると、Bが、「薬もらっても悪くなる一方で仕事もできない。いい加減にしろ、このやぶ医者！」と怒鳴ってA医師の胸倉をつかみました。Bは診察室から出て行き、待合室に座ったまま、「医者が謝るまで帰らないからな」と大声で怒鳴り続け帰ろうとしません。待合室にいた患者さんも怖がって帰ってしまいました。このような場合はどうしたらよいのでしょうか。

　　患者Bの行為は、暴行罪、業務妨害罪、不退去罪などに該当する犯罪行為です。直ちに警察に通報して警察の援助を求める必要があります。

解　説

1　患者から医師への暴力事件

　最近、大阪市での心療内科のクリニック放火事件や埼玉県での訪問診療での医師殺害事件など患者から医師への重大な暴力事件が起きています。

　医師への暴力についての実態調査としては、友田尋子ほか「患者からの病院職員に対する暴力の実態調査―暴力の経験による職種間比較」甲南女子大学研究紀要4号69頁（2009年）があります。

　この調査結果によると、ほぼ半数の病院で院内暴力があり、その約3分の1が身体的暴力となっています。さらにその院内暴力のうち、医師が院内暴力を受けたと回答した病院の割合は25.5％でした。院内暴力のうち約4分の1は医師が被害を受けているということになります。

　岩尾亜希子ほか「都内私立大学病院本院の職員が患者・患者家族な
どから受ける院内暴力の実態」日本医療・病院管理学会誌50巻3号219
頁（2013年）によると、A大学附属病院の全職員1,472名を対象とした
実態調査で、医師（133名）のうち、過去1年間に暴力（身体的・精神
的・性的暴力）を経験したと回答した医師は34.6％（43名）となって
います。この暴力の種類別には、身体的暴力8.1％（11名）、精神的暴
力28.6％（38名）、性的暴力4.5％（6名）となっており、被害の深刻さ
が表れています。

2　院内暴力の刑事犯罪該当性

　本設問の事例では、患者BがA医師の胸倉をつかんだ行為は、暴行
罪に該当しますし、胸倉をつかんだ際にA医師が傷害を受けたときは
傷害罪となります。また患者Bが待合室から退去しないことは業務妨
害罪や不退去罪に該当し得る犯罪行為です。このような場合は直ちに
警察に通報して警察の援助を求める必要があります。
　暴行罪はいわゆる殴る蹴るだけではなく、目の前に灰皿を投げ付け
る、お茶などの液体をかけることも該当することがあります。また傷
害罪は、怪我だけではなく、PTSDを発症したことも該当することが
あります。
　そのほかに院内暴力が刑事犯罪となる場合としては、セクハラに関
する暴力について、強制わいせつ罪、ストーカー規制法違反などがあ
ります。またパワハラに関する暴力については、脅迫罪、強要罪、名
誉毀損罪、侮辱罪などがあります。

19　院内暴力防止対策

　　院内暴力の防止対策としてどのようなことが必要でしょうか。

　　院内暴力をなくすためにはその芽の段階から探知することが大切です。そのためには患者の状態や病状把握による暴力発生の可能性評価だけでなく、小さな暴力でも現場からの報告がしやすいようにすることが必要です。

解　説

1　院内暴力防止対策

　国際看護師協会（ICN）は、「職場における暴力対策ガイドライン」（2007年改訂版）、国際労働機関（ILO）らと共に、「保健医療部門における職場暴力に対処するための枠組みガイドライン」を作成しています。また日本医師会は、「医療従事者のための医療安全対策マニュアル」（2007年）に院内暴力防止対策をまとめています。

　厚生労働省は、2017年、「新たな医療の在り方を踏まえた医師・看護師等の働き方ビジョン検討会」において、医師・看護師等が健康で安全に働き続けられることをめざした報告書をまとめました。また同省は、2019（平成31）年2月28日付けで各都道府県衛生主管部（局）長宛てに「医療現場における暴言・暴力等のハラスメント対策について（情報提供）」（医政総発0228第1等）を出し、院内暴力対策の効果的な取組を紹介しています。

　また日本看護協会は、2006年に「保健医療福祉施設における暴力対策指針－看護者のために」を定め、さらに2018年、「看護職の健康と安全に配慮した労働安全衛生ガイドライン－ヘルシーワークプレイス

（健康で安全な職場）を目指して」をまとめ、その中で業務上の危険
から看護職を守る（安全な職場づくり）として、心理・社会的要因と
して患者（利用者）・同僚及び第三者による暴力、ハラスメント、精神
的ストレスの3つの角度から説明しています。

2　医療機関での具体的院内暴力防止対策

　院内暴力に対しての医療機関の防止対策として、7つの項目にまと
めました。

〇院内暴力防止対策の7つの項目

項　　目	内　　容
①　組織の風土づくり	組織全体の意識改革、管理体制構築と職員の参画、職場の分析（実態把握）、院内暴力防止指針・規程の策定
②　院内暴力防止体制の整備	院内ポスターの掲示、パンフレットへの記載、監視カメラの設置、警備員の配置、現場急行体制、警察通報体制
③　院内暴力対策に関する組織	院内暴力対策委員会の設置、安全管理者の配置
④　相談窓口の設置	院内暴力相談員による相談、弁護士による法律相談
⑤　マニュアルの整備	暴力防止マニュアル、事故発生時マニュアル
⑥　院内暴力防止のための教育	研修会・学習会、トレーニングプログラム（CVPPP等）
⑦　他組織との協力、協調	他の医療機関との取組情報の共有、管轄警察署との協議

（日本看護協会「保健医療福祉施設における暴力対策指針」及び「看護職
　の健康と安全に配慮した労働安全衛生ガイドライン―ヘルシーワークプ
　レイス（健康で安全な職場）を目指して」等を元に筆者が作成）

　厚生労働科学特別研究事業「看護職等が受ける暴力・ハラスメントに対する実態調査と対応策検討に向けた研究」（研究代表者三木明子）（2020年）によれば、対象医療機関（100床以上）の対策実施率は、マニュアルの作成は82%、暴力を容認しないという方針の周知は78.9%と高かったのですが、避難経路の確保は45.9%、ロールプレイなどを取り入れたコミュニケーショントレーニングを行っているは42.7%、警備員の配置等の防止体制は44.7%と低いという結果でした（三木明子「看護職等が受ける暴力・ハラスメントに対する実態と対応策」看護73巻3号38頁（2021年））。

　この調査報告でも指摘されていますが、この調査で、報告されない潜在的暴力等が「とてもあると思う」「あると思う」と回答した医療機関が77.8%もあるということは見逃してはなりません。この点では、院内暴力防止の7つの項目のうちの、①組織の風土づくりとして、セクハラや暴言などどんな小さな暴力でも気兼ねなく報告できるという院内環境や、④相談窓口の設置などを積極的に取り入れなければ院内暴力を根絶することはできません。

　また報告されるようにするためには、⑤マニュアルの作成も大事です。現場では「これはセクハラなのだろうか」「これは暴言といえるだろうか」という迷いがあって報告をためらいがちです。それがないようにするためには、例えば、マニュアルに、「年齢を聞かれた」「彼氏はいるかと聞かれた」「まだ勉強が足りないねと言われた」などはハラスメントなので報告してくださいと具体例が書かれてあれば報告がしやすいでしょう。

20 院内暴力が起きたときの対応体制

 院内暴力が起きたときの対応体制としてはどのようなことが必要になりますか。

 院内暴力については身体的暴力と精神的暴力に分け、さらにレベルで分けて対応をマニュアル化しておくことが必要です。また、マニュアルに沿った研修や実地訓練も行うべきです。

解 説

1 院内暴力が起きたときの対応

患者から医師や看護師など医療従事者に対する身体的・精神的暴力に対してどのように対応すべきかをまとめておきましょう。

院内暴力といってもいろいろな種類があります。下記のチャート図のとおり、まず暴力を身体的暴力と精神的暴力に分けます。身体的暴力は程度によって生命の危険が生じますので、多くの医療機関ではその程度によってステージを分けて対応策を講じています。

○院内暴力に対する対応チャート図

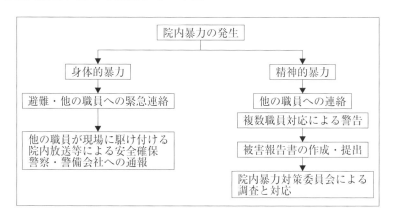

2　院内暴力のレベル

　院内暴力については下記の表のようにレベルで分けて対応マニュアルを作成しておくことが必要です。

　特にレベル2は傷害を受ける危険性がありますし、レベル3は現実に身体的被害を受けています。レベル4は重大な危険が生じていますので即時の対応が必要です。

　院内暴力に及んだことに対し医療機関から退院を求められたにもかかわらず退院しない患者に対しては、裁判によって退去を求めることができます。

　裁判例としては、名古屋高裁平成20年12月2日判決（平20(ネ)440）（裁判所ウェブサイト）は、心筋梗塞に対する医療行為後の止血に伴う神経不全等が治癒していないとして5年以上入院している患者に対し、通院可能な状態まで治癒しているとして退去等を認めました。

　また東京地裁令和元年10月31日判決（平31(ワ)566）は、術後、遷延性意識障害となり入院を継続している患者に対し、積極的治療行為を要する状態になく転院先も紹介しているとし病室明渡請求を認めました。

○院内暴力のレベル

レベル1	精神的被害（暴言・脅迫）
レベル2	物への被害（器物損壊）
レベル3	身体的被害（暴行・傷害）
レベル4	重大な身体的被害（生死に関わる重大な暴行・傷害など）

（日本看護協会「保健医療福祉施設における暴力対策指針―看護者のために」15頁の表4暴力種類（レベル）を元に筆者が作成）

3　対応体制

　院内暴力については、身体的暴力と精神的暴力に分け、さらに暴力のレベルで分けて対応をマニュアル化しておくことが必要です。また、マニュアルに沿った研修や実際に暴力があった時にどう対応するかの実地訓練も行うべきです。

21　医師から患者へのパワハラ（ドクハラ）

　　Aは、結腸がんを患い、B病院で抗がん剤治療を受け
ましたが、副作用が我慢できなくなり、B病院のC医師
に抗がん剤治療を休止したいと申し出ました。C医師は
「抗がん剤治療をやらないということは悪くなることに
なります。悪くなるのはもう自己責任ということでよろ
しくお願いします。」と言って抗がん剤治療を中止しま
した。AはC医師の発言はドクター・ハラスメントだと
主張しています。C医師の発言はハラスメントになるで
しょうか。

　　患者は、病気の治療について医師の指示に従わなけれ
ばならない立場にあり、医師はこの意味で患者に対し優
越的な関係にありますので、医師の患者に対する暴言等
はハラスメントになります。本設問の自己責任という発
言は暴言とまではいえないとしても、患者の希望する治
療が医師の治療方針と一致しないときは、患者に対する
発言に注意し、治療についての説明をより丁寧に行うべ
きです。

　解　説

1　医師の患者に対するハラスメント該当性

　患者は、病気の治療という面では、医師の指示に従わなければなら
ない立場にありますので、医師はこの意味で患者に対して優越的な関
係にあるといえます。

　このような立場にある医師の言動として、病気への不安を持つ患者

やその家族に対する暴言や理由のない診療拒否などは、ハラスメント
に該当することになります。このようなハラスメントは、ドクター・
ハラスメント（ドクハラ）と呼ばれることがあります。

　本設問の事例は、東京地裁令和3年7月12日判決（令2（ワ）26398）を元
にしています。この裁判は、結腸がんを患い、病院で抗がん剤治療を
受けた原告が、その副作用に我慢ができなくなり、病院の担当医に抗
がん剤治療を休止したいと申し出たところ、担当医から「抗がん剤治
療をやらないということは悪くなることになります。悪くなるのはも
う自己責任ということでよろしくお願いします。」と言われたとし、そ
の発言等がドクター・ハラスメントであると主張して損害賠償を請求
した事案です。

　裁判所は、担当医はこの発言以降に抗がん剤治療の継続を提案して
いることから治療を放棄したとはいえないとして原告の請求を棄却し
ました。

　本設問の事例において、担当医の自己責任という発言は暴言とまで
はいえないとしても、患者の希望する治療が医師の治療方針と一致し
ないときは、患者に対する発言に注意し、治療についての説明をより
丁寧に行うべきでしょう。

2　ドクター・ハラスメントについての最近の裁判例

　(1)　東京地裁平成29年3月15日判決（平27（ワ）28456）

　患者が医師から身体を触られるなどのセクハラを受けたとの主張に
ついて、セクハラがあったとは認められないとして患者の請求を棄却
しました。

　(2)　東京地裁平成25年11月28日判決（平21（ワ）4570）

　患者が担当医から「あんたなんて太ったって変わらない」などと言
われたとの主張について、裏付ける証拠がない等によりドクター・ハ

ラスメントの主張は認めませんでした。ただし医師の診療行為の注意義務違反は認定しました。

(3)　東京地裁平成25年11月22日判決（平24(ワ)35699）

　患者が担当医から一日早い入院をとがめられ予定していた治療はしないからと言われたとの主張について、予定していた薬剤の投与を延期したにすぎないとしてドクター・ハラスメントの主張は認めませんでした。

(4)　東京地裁平成25年8月8日判決（平22(ワ)1616）

　患者が担当医に手術結果について質問したところ、「過ぎたことをいちいちうるさいな」などと言われたとの主張について、裏付ける証拠がない等によりドクター・ハラスメントの主張は認めませんでした。ただし医師の説明義務違反は認定しました。

22　医師の応招義務についての最近の動向

　　医師の応招義務について最近出された厚生労働省通知のポイントと判決の動向について教えてください。

　　厚生労働省の令和元年12月25日付けの通知は3つの考慮要素を示し、緊急対応が必要な場合と不要な場合に分けて応招義務について整理しています。最近の裁判例では当該患者の病状に応じた診療の必要性について検討し診療拒否の正当性が判断されています。

解　説

1　医師の応招義務とは

　医師法19条1項は、「診療に従事する医師は、診察治療の求があつた場合には、正当な事由がなければ、これを拒んではならない。」と規定しています（歯科医師法19条1項も同じです。）。これが医師の応招義務といわれるものです。この規定は、医師が国に対して負担する公法上の義務とされ、この規定違反に刑事処罰はありません。このように応招義務は公法上の義務とされていますが、民事上、患者の医師に対する損害賠償請求等で主張されてきました。

　応招義務をめぐっては、応招義務における「正当な事由」とは何かについて旧厚生省からの通知が出されていましたが、現代の医療提供体制の変化、勤務医の過重労働が問題となる中で、厚生労働省は、令和元年12月25日付けで新たに「応招義務をはじめとした診療治療の求めに対する適切な対応の在り方等について」（医政発1225第4）という新通知を出しました。

2　新通知のポイント

　この新通知では、医療機関の対応としてどのような場合に患者を診療しないことが正当化されるかについてまとめています。

　新通知は、下の図のとおり、3つの考慮要素があるとしています。この中で最も重要な考慮要素は、患者について緊急対応が必要か否か（病状の深刻度）とし、それ以外の要素として診療時間・勤務時間、患者との信頼関係を挙げています。

○医師の応招義務の3つの考慮要素

> 1　緊急対応が必要かどうか（最も重要）
>
> 2　診療時間・勤務時間の内外
>
> 3　患者との信頼関係

　その上で新通知では、場合を分けて次のようにまとめています。

① 緊急対応が必要な場合

　㋐ 診療時間内、勤務時間内である場合

　　事実上診療が不可能と言える場合にのみ診療しないことが正当化される。

　㋑ 診療時間外、勤務時間外である場合

　　診療しなくても原則公法上・私法上の責任は問われないが、対応することが望まれる場合がある。

② 緊急対応が不要な場合

　㋐ 診療時間内、勤務時間内である場合

　　原則として必要な医療を提供する義務がある。ただし、緊急対応が必要な場合に比べて緩やかに解釈される。

　㋑ 診療時間外、勤務時間外である場合

　　即座に対応する必要はなく、診療しないことは正当化される。

ただし、時間内の受診依頼や他の医療機関の紹介等の対応が望ましい。

3　新通知で示された個別事例

新通知では新たに示された考慮要素によって以下の個別事例を挙げています。

① 患者の迷惑行為

迷惑行為の対応に照らし診療の基礎となる信頼関係が喪失している場合には診療しないことが正当化される。

② 医療費の不払い

支払能力があるのに悪意を持ってあえて支払わない場合には診療しないことが正当化される。

③ 入院患者の退院や他の医療機関の紹介・転院等

医学的に入院の継続が必要ない場合には退院させることは正当化される。病状に応じて他の医療機関の紹介や転院を依頼することも原則として正当化される。

④ 差別的取扱い

患者の年齢、性別、人種等のみを理由に診療しないことは正当化されない。ただし、言葉が通じない等により診療行為が著しく困難であるときはその限りではない。

⑤ 外国人対応

外国人であっても正当化事由は日本人と同様に判断する。ただし、言葉や文化の違いにより診療行為が著しく困難であるときはその限りではない。

4　応招義務についての最近の裁判例

(1)　東京地裁令和2年3月19日判決（令元(ワ)23084）

患者が病院から精密検査の依頼を正当な理由なく拒否されたとの主

張に対し、医師は検査の必要性がないことを説明し精密検査は不要と
したもので違法な診療拒否とはいえないとして請求を棄却しました。

(2)　東京地裁令和2年2月5日判決（平31（ワ）8133）

　医師が高齢の患者の診療を拒否したのは不当だとの主張に対し、医
師は障害年金の更新手続のためには過去に診察した医師が診察するの
が望ましいと考えたからであり違法な診療拒否とはいえないとして請
求を棄却しました。

(3)　東京高裁令和元年5月16日判決（平31（ネ）272）

　医師が中国で腎移植手術を受けた患者のフォローアップ治療を拒否
したのは不当だとの主張に対し、治療に緊急の必要性がなく紹介元で
の診療が見込まれたとの合理的理由があったから違法な診療拒否とは
いえないとして請求を棄却しました。

23　医療機関における医師、看護師等の職員間のハラスメント

医療機関における医師、看護師等の医療従事者、事務職員など職員間でのハラスメントにはどのような原因があるでしょうか。

医療機関における職員間のハラスメントの原因としては、①医療行為のチーム対応による指揮命令の厳しさ、②ミスが許されないという緊張によるストレス、③常態的な人員不足と業務多忙によるストレス、④医師や診療科ごとの閉鎖性と孤立性、⑤すべてを患者のためにという理念などがあります。

解　説

1　医療機関の医師、看護師等の職員間のハラスメント

医療機関の医師、看護師等の医療従事者、事務職員間でのハラスメントは、職場内でのハラスメントの一つです。

具体的には、医師から看護師等の医療従事者、事務職員に対するもの、看護師や他の医療従事者、事務職員間のものが主なものです。看護師から医師、事務職員から看護師などのケースもあり得ます。また、上司から部下だけでなく、部下から上司へのハラスメントも起こり得ます。

2　医療機関における職員間のハラスメントの原因

職場内でのハラスメントは、医療機関においては特に次表のようなことが原因になっています。

○職員間のハラスメントの原因

---

① 医療行為のチーム対応による指揮命令の厳しさ

② ミスが許されないという緊張によるストレス

③ 常態的な人員不足と業務多忙によるストレス

④ 医師や診療科ごとの閉鎖性と孤立性

⑤ すべてを患者のためにという理念

それぞれの原因の具体的内容は次のようなことです。

① 医療行為のチーム対応による指揮命令の厳しさ

　　医療は医師一人で行うものではありません。医師、看護師などのチームで医療行為を行います。医療という命に関わる行為についてはミスが許されません。医師等をリーダーとするチーム対応において、患者への最善の医療を尽くすために、チーム内での指揮命令は厳しいものになりがちです。そのような中で、上に立つ者の言動が行き過ぎたものになることがあります。

② ミスが許されないという緊張によるストレス

　　いうまでもなく医療行為は命に関わるものです。小さなミスも許されないという緊張感がストレスとなり、普段なら気にならないような些細なことに腹を立ててしまうことがあります。

③ 常態的な人員不足と業務多忙によるストレス

　　医療機関は医師、看護師等について人員不足が常態となっています。そのため業務多忙となりストレスが蓄積して、感情的な対応をすることが起きることがあります。

④ 医師や診療科ごとの閉鎖性と孤立性

　　医療機関、特に病院ではいくつかの診療科に分かれていることから担当医あるいは科ごとに孤立的、独立的になってしまうことがあります。そのためトップでさえも科でどのようなことが行われてい

るか分からないとか、その科のことには口出しできないという閉鎖性につながることがあります。

⑤　すべてを患者のためにという理念

　　医療機関は患者への最善の医療を尽くすという目的があります。この目的を達成するため、すべてを患者のためにという理念が尊重されます。この理念が行き過ぎて職員に向けられ、ハラスメントにつながることがあります。患者の要求が理不尽なものであるのに、上司がその要求に応じるように部下に命じるのがその一例です。

24 上司の医師から部下の医師へのパワハラ

　　A病院の整形外科に勤務する新人医師Bは、指導に当たる上司の医師Cから、患者の介護の不手際について頭を叩かれたり、手術時に、「田舎の病院だと思ってなめとるのか」「その仕事ぶりでは給料分に相当していない。両親に連絡しようか」などと言われて元気のない様子です。病院としてどのように対応すればよいでしょうか。

　　病院は、使用者として、被用者である医師等の労働過重やパワハラ等による心身の健康が損なわれることのないようにすべき安全配慮義務があります。本設問では、新人医師Bに対する労働安全衛生委員会等の協議やカウンセラーによる面談等だけでなく、医師Cに対し、パワハラを繰り返すことのないよう必要な措置を講ずべきです。

解　説

1　上司の医師から部下の医師へのパワハラ

　日本小児外科学会が、2021年11月から12月に学会員を対象に実施したパワハラ被害についての調査で、医師約280人の回答のうち、パワハラ被害として65%が体を小突く、物を投げ付けるなどの暴力行為、89%が人前での感情的な叱責などの暴言、71%が人格を否定するような差別的発言、59%が手術に入れない、情報を共有しないなどの除外行為等のパワハラを受けたと回答しています。そしてこれらのパワハラのうち69%が直属の上司によるものだったとされています（東京新聞2022年7月3日付け）。

　この割合は一般の企業に比べてはるかに高率です。調査を企画した
医師は記事の中で、「多くの医師が働きづらい環境だと感じているこ
とが明らかになり、衝撃的な結果だった」とコメントしています。
　このような上司の医師による部下の医師へのパワハラの現状は、医
師の働き方改革の一つとして早急に改善すべきです。

2　上司の医師のパワハラによる部下の医師の自殺例

　実際に裁判例では、指導に当たった医師によるパワハラによって新
人医師が自殺したという事例があります。本設問はその事例である広
島高裁松江支部平成27年3月18日判決（判時2281・43）（一審・鳥取地裁米
子支部平成26年5月26日判決）を元にしたものです。
　この裁判は、自殺した病院勤務の新人医師の遺族が、新人医師が自
殺したのは、指導に当たった上司の医師らから暴行や暴言等のパワハ
ラを受けたためだとして、公立病院組合と上司の整形外科部長と整形
外科医長に対し損害賠償を請求したものです。
　この裁判で、被告らは、新人医師の自殺の原因は新人医師が仕事に
自信を失ったからでありパワハラは原因ではないと主張したのです
が、裁判所は、上司の医師が新人医師に対し、患者の介護の不手際に
ついて頭を叩くという暴行をしたり、新人医師がミスをしたり知識が
不足して質問に答えられないなどした場合に、患者や他の医療スタッ
フの面前で侮辱的な文言で罵倒したのはパワハラであるとしました。
　また裁判所は、上司の医師は、質問をしてきた新人医師を怒鳴った
り嫌みを言うなどして不必要に萎縮させたことにより、新人医師にと
って孤立した職場環境になっていたとしました。さらに上司の医師
は、その後も、手術時に、新人医師に、「田舎の病院だと思ってなめと
るのか」「その仕事ぶりでは給料分に相当していない。両親に連絡し
ようか」と言うなどのパワハラを継続したとし、これらのパワハラに

よって新人医師がうつ状態となり自殺に至ったとしました。ただ本件は国家賠償法が適用されるので、公立病院組合に損害賠償義務はあるが上司の医師個人には損害賠償義務はないとしました。Q12で解説しましたが、このような国家賠償法の解釈は以前から批判されているところです。

　本設問では、病院として、新人医師Bに対して労働過重やパワハラ等による心身の健康が損なわれることのないよう直ちに職場環境の改善を図るべきです。Bに対する労働安全衛生委員会等の協議やカウンセラーによる面談等だけでなく、医師Cに対し、パワハラを繰り返すことのないよう必要な措置を講ずべきです。

3　上司の医師からのパワハラについての裁判例

（1）　東京地裁平成28年1月7日判決（平26(ワ)26309）

　医師が勤務していた病院の副院長らが恣意的な人事評価をしたとの主張に対し、そのような事実は認められないとして請求を棄却しました。

（2）　東京地裁平成27年12月25日判決（平26(ワ)4869）

　医師がくも膜下出血により死亡したのは院長によるパワハラ等が原因であるとの主張に対し、院長の言動はパワハラとは認められない等として請求を棄却しました。

（3）　東京地裁平成26年9月29日判決（平23(行ウ)683）

　医師が院長らからパワハラを受けたとの主張に対し、院長らの言動に不当性はないとして請求を棄却しました。

25　医師から看護師へのセクハラ

　　A病院に勤務する看護師Bは、病院内科の診療部長Cから個人的な付き合いを求められたためCと何度か会いメールのやりとりもしましたが、Cに対し今後は会えないこととメールを送らないでほしいことを伝えました。しかしその後もCはメールを送り続けたり、Bの自宅を訪ねてきたりしました。医療機関としてどのように対応すればよいでしょうか。

　　医師Cのメール送信や自宅訪問はストーカー行為としてセクシュアル・ハラスメントになります。医療機関としてはBとCからのヒアリングにより事実関係が確認され次第、Cにストーカー行為をやめるよう警告するとともにCに対する懲戒処分を検討すべきです。

> 解　説

1　医師から看護師への暴力・ハラスメント

看護師のハラスメント被害のうち、医師や上司や先輩看護師からのハラスメントについての調査は、患者や患者の家族から受ける院内暴力についての調査に比べ、必ずしも多くないようです。詳細な調査としては次のものがあります。

鈴木啓子ほか「医療機関において看護者が受ける職場暴力の現状と課題（第2報）」名桜大学紀要17号51頁（2012年）は、2006年2月から4月に、ある県下の63病院の看護者（看護師、准看護師、保健師、助産師）を対象に過去1年間に患者以外からの受けた暴力についての調査（有効回答数3,549）で、内容は以下のとおりです。

① 　身体的暴力を受けたことがあるとの回答　4%

　　相手…医師50.9%、上司や先輩22.6%、同僚7.5%

　　内容…（医師から）カルテを投げ付けられ顔にけがをした、足を
　　　　　蹴飛ばされた、血圧計を投げつけられた

　　　　　（先輩・上司から）足を蹴られた、手を引っ張ったり叩い
　　　　　たりされた

② 　言語的暴力及び精神的攻撃を受けたことがあるとの回答　24%

　　相手…医師46.5%、上司や先輩28.7%、同僚11.5%

　　内容…（医師から）「お前は何様だ。誰に向かってものを言ってい
　　　　　る」「馬鹿看護師が」「お前のせいだぞ」「（当直医から）何
　　　　　でそんなことで起こすんだ」「お前みたいな看護師がいる
　　　　　のは病院の恥だ。給料ドロボー」

　　　　　（先輩・上司から）自分だけ質問攻めにされる、自分だけ
　　　　　無視される、先輩からいらいらをぶつけられる、働くのを
　　　　　辞めたらと言われる

③ 　性的暴力を受けたことがあるとの回答　8%

　　相手…医師67.9%、上司や先輩9.2%、同僚4.85%

　　内容…卑猥な内容の発言、不快な身体への接触、ストーカー的行
　　　　　為、あからさまな性交渉の要求

　以上のとおり、①から③までの暴力・ハラスメントの相手（行為者）
は医師が最も多くなっています。

2　医師から看護師へのセクハラ

　上記の調査結果のとおり、性的暴力を受けた経験のある看護者は、
8%にもなり、その相手としては医師が圧倒的に多くなっています。

　医師は医療機関において組織上優越的な地位にあることが多いの
で、その地位を利用したセクハラに対して被害者が抵抗できないこと

も少なくありません。また被害者は、医師からセクハラ被害を受けて
も、報復や誹謗中傷をおそれ、被害を医療機関の相談窓口に相談する
ことをためらうことも被害が減少しない原因の一つになっています。
このような現状は直ちに変えなければなりません。

3　福井地裁令和2年10月7日判決

　本設問の事例は、福井地裁令和2年10月7日判決（労ジャ107・26）を元
にしています。この裁判は、ある公立病院の看護師が、病院内科の診
療部長Ｃから個人的な付き合いを求められたためＣと何度か会いしば
らくメールのやりとりもしましたが、Ｃに対し今後は会えないことと
メールを送らないでほしいことを2回にわたって伝えました。しかし
その後もＣは、メールを送り続けたり自宅を訪ねてきたりしました。
このＣの行為に対し、病院は停職3か月の懲戒処分を科したところ、Ｃ
から懲戒処分の取消し等を求めたものです。

　裁判所は、Ｃの行為はつきまとい等の性的な言動を繰り返したもの
で悪質であるとして懲戒処分は相当と判断し、Ｃの請求を棄却しまし
た。

　本設問の事例では医療機関としては直ちにＢから事実関係を確認し
Ｃに対しストーカー行為をやめるよう警告すべきです。またＢの安全
を確保するための措置も必要です。その上でＣに対する懲戒処分を検
討すべきです。

26　医師から看護師、事務職員へのパワハラ

　　A病院のB医師は、看護師に対して「バカかお前は」「お前は何て返事したんだ」と言ったり、理学療法士に対して「検査なんかしたって意味ないでしょ」と言ったりします。理事長から注意しても改善しません。このような場合に医療機関としてはどう対応すべきでしょうか。

　　医師による看護師や事務職員に対するパワハラは就業者の職場環境を害するものとして医療機関において改善すべき法的義務があります。理事長からの注意にも改善する余地がない場合には懲戒解雇もやむを得ないでしょう。

| 解　説 |

1　医師による看護師らに対するパワハラ

　Q25の調査結果のとおり、医療機関での看護師へのパワハラの行為者として割合が最も多いのは医師となっています。医師は医療機関において組織上優越的な地位にあることが多く、看護師や事務職員に対しその地位を背景にしたパワハラが起こりがちです。また、被害者が報復や誹謗中傷を恐れ、被害を医療機関に相談するのをためらうこともセクハラと同様です。

　医師による看護師や事務職員に対するパワハラは、就業者の職場環境を害するものとして、医療機関において配慮し改善すべき法的義務があります。

2　東京地裁令和4年1月28日判決

　本設問の事例は、東京地裁令和4年1月28日判決（令3(ワ)1197）を元に
しています。この裁判の事実関係は次のようなものです。

　都内のある病院（病床数約300）の医師が、複数の看護師に対して「バ
カかお前は」「お前は何て返事したんだ」と言ったり、理学療法士に対
して「検査なんかしたって意味ないでしょ」と言ったりするなどのパ
ワハラや、患者に対しても非礼な言動を繰り返しました。理事長らか
ら注意をしてもこのような言動は改善されませんでしたので、法人は
医師を懲戒解雇処分にしました。この処分に対し医師が無効を主張し
て訴訟を提起したものです。

　裁判所は、上記をパワハラと認定し、懲戒解雇処分は有効と判断し
て医師の請求を棄却しました。

　この判決に書かれているのですが、この病院では、ハラスメント防
止規程を制定したときに「ハラスメントレポート」という制度を作っ
ています。これはハラスメントがあったとき、記名又は匿名でハラス
メントの内容を記載して上長に報告するもので、この報告書は理事長
まで回覧・決裁され、その過程で報告者からの事情聴取も行われると
いう制度です。

　裁判になったこのケースでは、この「ハラスメントレポート」が認
定の決め手になったようです。この制度は、被害者から声が出しやす
く、また医療機関にとって被害を迅速に把握して対応できるという点
で非常に有効な手法だと思います。

3　医師の看護師らに対するパワハラについての裁判例

　(1)　東京地裁令和3年10月1日判決（令元(ワ)32966）

　歯科医院の受付兼歯科助手が医師からパワハラを受けたとして損害
賠償を請求した事案で、パワハラをしたとの証拠がないとして請求を

棄却しました。

　(2)　大阪地裁平成30年9月20日判決（労ジャ82・34）

　病院の医師が、職員に対する暴力行為等により普通解雇されたことに対して解雇は無効と主張した事案で、暴力行為によって入院治療が必要となる程度ではなかったことなどから解雇は無効としました。

　(3)　札幌高裁平成30年8月9日判決（労判1197・74）

　病院の医師が、6か月の条件付き採用期間中に医療過誤につながりかねない誤りを複数回したり、看護師を怒鳴りつける等をしたこと等を理由とする分限免職処分は違法とはいえないとしました。

　(4)　東京高裁平成27年10月7日判決（平27(ネ)3329・平27(ネ)4260）

　病院の医師が、看護師や研修医の指導において相手の人格を否定するような発言をしたり患者の前で看護師を怒鳴ったりしたこと等により解雇されたことについて解雇は無効と主張した事案について、医師の言動は病院の中枢の業務の遂行を困難ならしめるものとして解雇は有効としました。

27　上司の看護師から部下の看護師へのパワハラ

　　A病院の看護師Bが、通勤中に急病人の救護をしたた
め遅れて出勤することを事務職員に伝えたのですが、看
護師長Cは、Bが遅れる理由を事務職員から聞いていた
にもかかわらず、出勤してきたBに、「私が看護師長で責
任者でしょう。遅れるのだったら私に連絡しなさい。」
と大声で激しく叱責しました。Bはショックを受けて過
呼吸で倒れ入院するまでに至りました。病院としてどの
ように対応すればよいでしょうか。

　　病院としては、Bの病状を確認し、休職対応、病棟部
署の異動などの人事措置を直ちに行った上で、Bの病状
が落ち着くのを待って事実関係の確認を行います。特
に、それまでのCのBに対する言動や他の部下の看護師
への言動に問題がなかったかを詳しく調べた上で、必要
な人事上の措置や再発防止のための措置を取ることが必
要です。

解　説

1　上司の看護師から部下の看護師へのパワハラ

　Q25の調査結果では、病院の看護職3,549名のうち、身体的暴力を受
けた相手としては上司や先輩からが36名、言語的暴力及び精神的攻撃
を受けた相手としては上司や先輩からが244名、性的暴力を受けた相
手としては上司や先輩からが31名となっています。いずれも決して少
なくない割合です。特に言語的暴力等は6.8%（3,549名中244名）と高

く、約14人に1人は過去1年間にこの種の被害を受けているということになります。

　また、この調査では、言語的暴力等の実例として、次のような内容が挙げられています。

① 他の同僚と同じことをしているのに、自分だけ質問攻めにされたり、特別厳しく注意される。

② 協力しないとできない業務について、頼んでも、協力をしてくれない。職場の中で自分だけ無視される。

③ 先輩から何も理由がないのに、イライラをぶつけられ、八つ当たりされる。

④ 師長から「この程度の仕事しかできないのなら、それなりの給料にしてもらわないといけないんじゃないの」などと言われる。

⑤ 先輩から家計のことや家族のことなどを根掘り葉掘り聞かれ、挙句に「働くの辞めたら」と言われる。

　これらはどれも、言われた側の看護職に大きな精神的苦痛を与え、就業環境を害するものといえるでしょう。

2　東京地裁令和3年3月3日判決

　本設問の事例は、東京地裁令和3年3月3日判決（平30(ワ)3707）を元にしたものです。

　この裁判は、本設問の事実関係の下で、被害者の看護師から病院を運営する法人に対し休業損害などの損害賠償を請求した事案です。

　裁判所は、看護師長は以前から原告の有給休暇の取得申請を拒絶し振替休日として処理することを繰り返しており、原告が急病人救護で遅れたことについて言い分を聴かずに威圧的に激しく叱責したことは業務上の指導の範囲を超えて原告に過大な心理的負担を与えたとしました。そして損害額としては、慰謝料200万円のほか、休業損害等とし

て合計約2,300万円を認定し、労災保険給付を受けた額の控除等により損害賠償額として約600万円の支払を被告の法人に命じました。

本設問の事例では、病院として、Bの病状を確認し、休職対応、病棟部署の異動などの人事措置を直ちに行った上で、Bの病状が落ち着くのを待って事実関係の確認を行います。特に、それまでのCのBに対する言動や他の部下の看護師への言動に問題がなかったかを詳しく調べた上で、必要な人事上の措置や再発防止のための措置を取ることが必要です。

3　上司の看護師からのパワハラについての最近の裁判例

（1）　大阪地裁令和3年2月18日判決（令元（ワ）6313）

病院の看護師が師長から違法な退職勧奨等を受けたとの主張に対し、師長は退職を一つの選択肢と示唆したにとどまるので違法とはいえないとしました。

（2）　東京地裁平成28年10月7日判決（平27（ワ）310）

健康保険組合の看護師が上司の看護師からの「ここの仕事向いてると思う？」「（向いてないと思うなら）じゃあ、考えないと」との発言等はパワハラであるとの主張に対し、原告のミスや不手際は、正確性、安全性が要請される医療機関において軽視できないとして、発言は全体として違法とはいえないとしました。

（3）　大阪地裁平成28年4月26日判決（平27（ワ）6410）

看護部長から看護助手に対する退職勧奨について、「解雇の場合は退職金がゼロになる」などの発言は違法とはいえないとしました。

（4）　東京地裁平成27年10月30日判決（平24（ワ）29958）

病院に勤務する看護師、助産師が、上司の看護師から休暇の振替を強制されるなどのパワハラ行為を受けたとの主張に対し、上司の看護師の言動はいずれも違法とはいえないとしました。

(5)　福岡地裁小倉支部平成27年2月25日判決（労判1134・87）

　病院の看護師長が看護師に対し、子供の病気で休暇を取ることが多いことなどを理由に正職員への推薦はできないと述べたことは違法とし、看護師長と病院を運営する連合会に対し、休業損害や慰謝料ほか合計約120万円の損害賠償の支払を命じました。

(6)　さいたま地裁平成16年9月24日判決（労判883・38）

　男性看護師が病院の先輩男性看護師から一気飲みを強要するなどの執拗ないじめによって自殺に追い込まれたとして、先輩看護師に1,000万円、病院を設置する法人に500万円の損害賠償の支払を命じました。

28　上司の事務職員から部下の事務職員に対するパワハラ

　　A病院の医事課長Bが、上司のCから、会議等で、「なめてるのお前」「失格者」「精神障害者」「生きてる価値なんかない」などと罵倒されて適応障害を発症したとして、病院の調査委員会に事実調査を求めています。調査ではどういうことに留意すればよいでしょうか。

　　医療機関の事務職員も、医師・看護師らの他の病院職員と同様に、患者の生命、健康をあずかるものとしてミスや不手際がないようにしなければなりません。しかし上司から部下への明らかな人格攻撃や暴言は許されません。調査では、会議の他の出席者からの証言や普段のCの言動などをヒアリングして詳細に事実を調査すべきです。

解　説

1　上司の事務職員から部下の事務職員に対するパワハラ

　医療機関の事務局で、上司の事務職員から部下の事務職員へのパワハラが起きることがあります。このようなパワハラは一般の企業と同様ですが、医療機関の事務職員は、医師・看護師らの他の病院職員と同様に、医療という患者の命に関わる業務に携わっているという性質からミスや不手際がないようにしなければなりません。

　東京地裁平成21年10月15日判決（労判999・54）は、病院の健康管理室に事務総合職として採用された職員が、仕事でのミスや不手際が多いとの理由で試用期間中に採用を取り消されたことについて、採用取消

しの無効と、職場でパワハラを受けたとして損害賠償を請求した事案です。

　裁判所は、上司らからの厳しい叱責がパワハラだとの原告の主張に対し、原告の事務処理上のミスや事務の不手際は、いずれも、正確性を要請される医療機関においては見過ごせないものであり、これに対する上司の注意、指導は、必要かつ的確なものであるとしました。そして一般に医療事故は単純ミスがその原因の大きな部分を占めるから、上司が原告を責任ある常勤スタッフとして育てるため、単純ミスを繰り返す原告に対して、時には厳しい指摘・指導や物言いをしたことは、生命・健康を預かる職場の管理職が医療現場において当然になすべき業務上の指示の範囲内にとどまるものであり違法ではないとしました。

　ただそうではあっても、ミスや不手際についての上司の部下に対する明らかな人格攻撃や暴言はパワハラとして許されません。

2　東京地裁立川支部令和2年7月1日判決

　本設問の事例は、東京地裁立川支部令和2年7月1日判決（労判1230・5）を元にしています。

　この裁判は、ある公立の総合病院（職員数約520人）の医事課長が、上司である事務次長から、会議等で、「なめてるのお前」「失格者」「精神障害者」「生きてる価値なんかない」などと罵倒され、適応障害等を発症したとして損害賠償を請求したものです。

　裁判所は、事務次長の発言は、原告の管理職としての態度に対する注意を意図する部分も含まれるものの、原告に対する罵倒を含んでおり、これらの発言は、人格全体に対する攻撃、否定に及んでいるもので、このような行為が少なくとも4か月にわたり繰り返されていることも考慮すると、原告は事務次長のパワハラにより適応障害を発症し

たというべきであるとしました。

　さらにこの裁判では、会議等で事務次長の言動を見聞きしながらその言動に対し注意や制止をしなかったとして、事務長の安全配慮義務違反も認定していることにも留意すべきです。

　本設問の事例では、この事案の調査において、会議の他の出席者からの証言や普段のCの言動などをヒアリングして事実を詳細に調査して必要な人事上の措置をとり再発防止を図るべきです。

　なお金沢地裁令和3年4月14日判決（令元(ワ)494）は、病院の実質的な経営者である参事から職員に対するパワハラを認定し、慰謝料20万円、退職金残額の合計約180万円の支払を命じました。

　またセクハラについてですが、東京高裁令和4年5月31日判決（令3(ネ)5279）は、病院の事務次長の女性事務職員らに対するセクハラを理由とする解雇処分は相当としました。

29　医療機関職員のパワハラに起因する労災

　　A病院のB臨床検査技師は、上司の技師長から怒鳴ら
れたり退職を示唆する発言をされストレスを感じていた
ところ、院長や事務部長らとの面談で、約3時間にもわた
り退職を迫られるなどのパワハラを受け精神障害を発症
したとして労災の休業補償給付を請求しています。この
ような事案では業務と精神障害との因果関係はどのよう
に判断されるのでしょうか。

　　業務におけるパワハラ被害と精神疾患との相当因果関
係（業務起因性）の判断では、心理的負荷の程度がどの
ようなものかで判断されます。本設問の事例の元になっ
た判決では、院長や事務部長らとの面談による精神的負
担が過重であったとして業務起因性が認められていま
す。

解　説

1　パワハラと業務起因性

　上司からのパワハラを受けて精神障害を発症したとして労災の休業
補償等の請求をする場合に問題となるのは、業務で受けたパワハラ被
害と精神疾患との相当因果関係（業務起因性）の判断です。

　本設問の事例は、名古屋高裁平成29年3月16日判決（労判1162・28）を
元にしたものです。

　この裁判では、裁判所は、院長や事務部長らとの面談が長時間にわ
たり一方的に退職を迫られたことによる精神的負担が過重であったと
して業務起因性を認め、休業補償給付の不支給処分を取り消しました。

　この判決のように、パワハラ事案についての管理職による面談では管理職が一方的な発言をしたり、長時間にわたることなど本人の心理的負荷が過重にならないように配慮しなければなりません。

2　医療機関職員のパワハラと労災についての最近の裁判例

　パワハラと労災についての最近の裁判例としては以下のものがあります。

　(1)　釧路地裁令和4年3月15日判決（平30（行ウ）4）

　病院の看護師が同僚らからのいじめや嫌がらせ、医師からのパワハラによって心理的負荷を受けて自殺したとの主張に対し、それらのいじめや嫌がらせ、パワハラ等の事実は認められないとしました。

　(2)　札幌地裁令和2年10月14日判決（労判1240・47）

　病院の看護師が、看護課長との面談と患者からの苦情等による心理的負荷によって精神障害を発病し自殺したとして、自殺の業務起因性が認められるとしました。

　(3)　大阪地裁平成28年4月27日判決（平27（行ウ）97）

　市立病院の看護師が、看護師長によるパワハラにより舌痛症を発病したとして公務災害の認定請求をしたところ、公務外との処分を受けたため処分の取消しを求めた裁判で、裁判所は看護師長の指導はパワハラとはいえないとして請求を棄却しました。

　(4)　大阪地裁平成26年1月15日判決（労判1093・57）

　病院の看護師が、理事長による激しい罵倒等により精神障害を発症したとして休業補償給付を請求したところ、不支給処分を受けたため処分の取消しを求めた裁判で、裁判所は激しい罵倒の事実は認められないとして請求を棄却しました。

(5)　東京地裁平成24年9月12日判決（平22（行ウ）79）

　病院の看護師が、上司からのパワハラによりうつ病にり患したとして休業補償給付等の支給を請求したところ、不支給処分を受けたため処分の取消しを求めた裁判で、裁判所は上司とのトラブル等は「業務による心理的負荷の強度は「中」にとどまるとして業務起因性を認めず請求を棄却しました。

(6)　東京地裁平成24年5月25日判決（労ジャ7・29）

　病院の看護師が患者からの暴行を受けたことの心理的負荷の強度は「中」にとどまるとして業務起因性を認めませんでした。

30　医療機関の医師へのパワハラ（退職勧奨）

　　A病院の勤務医であるB医師が、外来診療の開始時間を守らなかったり患者とのトラブルが重なり、院長からの注意や指導によっても改善しないため、院長からA病院を退職し他の病院へ異動することを勧めたところ、B医師が院長の退職勧奨行為は退職強要のパワハラだと主張しています。退職勧奨はどういう場合にパワハラになるのでしょうか。

　　退職勧奨とは、使用者による労働者に対する自発的な退職を求める説得活動ですが、その勧奨行為がパワハラになるかどうかは、その態様が社会的に相当と認められる範囲内かどうかで判断されます。本設問の事例で院長の勧奨行為が脅迫的発言や侮辱的発言等の不相当な態様によるものでなければパワハラとはいえません。

解　説

1　退職勧奨とパワハラ

　退職勧奨とは、使用者による労働者に対する自発的な退職を求める説得活動です。この勧奨に応じるかどうかはその労働者の自由意思に委ねられるもので、勧奨行為自体は違法なものではありません。しかし、その勧奨行為の根拠や態様において社会的に相当と認められる限度を超え、労働者に不当な心理的圧迫を加えたり、名誉感情を害するような言動により、労働者の自由な意思決定を困難にすることは使用者によるパワハラとなります。

　このように退職勧奨では、その勧奨行為の根拠、回数、場所、発言

内容などによって、パワハラかどうかが判断されることになります。

2　福井地裁平成21年4月22日判決

　本設問の事例は、福井地裁平成21年4月22日判決（労判985・23）を元にしたものです。

　この裁判はある病院（ベッド数約50床）の内科医長が、解雇無効を主張するとともに、病院によってなされた退職勧奨がパワハラとして不法行為に該当すると主張したものです。

　裁判所は、院長からの別の病院への異動を求める働きかけ等はパワハラには該当しないと判断しました。また裁判所は、解雇無効の主張についても、医師が外来診療の開始時間を守らなかったり、患者とのトラブルの内容などに照らし解雇は相当と判断しています。

　本設問の事例で、院長の勧奨行為が脅迫的発言や侮辱的発言等の不相当な態様によるものでなければパワハラとはいえません。

　違法な退職勧奨とした裁判例としては、航空会社の女性客室乗務員に対し、5人の上司が約4か月間にわたり30数回もの面談で退職を勧奨し、「能力がない」「別の道があるだろう」などと大声を出すなどしたことは退職強要として違法とし慰謝料80万円を認めたものがあります（大阪高判平13・3・14労判809・61）。

3　医療機関による医師に対するパワハラについての裁判例

　(1)　大阪地裁令和4年1月17日判決（令2(ワ)12177）

　病院を経営する法人の副理事長の医師から病院の医師へのパワハラは認められないとしました。

　(2)　東京地裁令和3年5月26日判決（令元(ワ)17388）

　院長や上司である部長から医師への退職勧奨について、院長等から医師のコメディカルスタッフに対する高圧的言動等を改めるように注

意しても、医師が自らの言動を正当化することに終始し態度を改める
ことがないこと等からすれば、医師に対する退職勧奨は不当とはいえ
ないとしました。

　(3)　東京高裁令和2年12月17日判決（平31（行コ）49）

　病院を設置している自治体が院長に対し、病院職員のパワハラに対
する適正な院内管理を怠ったこと等により院長の職について免職処分
としたことについて、処分理由は認められないとして免職処分を取り
消しました。

　(4)　名古屋高裁平成28年11月11日判決（平28（ネ）296）

　市立病院の歯科医に対する退職勧奨について、歯科医師の自由な意
思決定を促す行為として許される限度を逸脱しているとして違法とし
ました。

　(5)　静岡地裁平成24年1月13日判決（判タ1382・121）

　院長から科長であった医師に対する退職勧奨について、院長は医師
との面談で、医師が病院内において科の看護師らと十分な意思疎通を
図れていないことについて業務改善の指示を出しており、退職を強要
したものではないとしました。

31　医療機関の職員に対するパワハラ（配転命令）

　　A病院は、医事課の職員Bに対し、受付業務等を適切に行わないことを理由に清掃係に配置転換を命令（配転命令）しました。Bはこの配転命令はパワハラに当たり無効と主張しています。配転命令はどのような場合にパワハラになるのでしょうか。

　　配転命令とは、医療機関での医師や看護師などの専門的技能や資格の職種限定の合意に反したり、配転命令により職員に著しい職業上又は生活上の不利益がある場合には使用者によるパワハラとして無効となることがあります。

解　説

1　配転命令とは

　配転命令とは、使用者が労働者に対して職務内容又は勤務場所の長期間にわたる変更を命じるものです。一般的には労働協約や就業規則にそれを認める規定が置かれていますが、労働契約において職種や勤務場所を限定する旨の合意がある場合にはその限定に反することはできません。その例としては、医療機関での医師や看護師などの専門的技能や資格を有する職種についての職種限定の合意です。ただし使用者に配転命令権がある場合でもその行使が濫用に当たるときはその命令は無効となります（労契3⑤）。

　以上のとおり、配転命令は、職種限定の合意に反したり、濫用に当たるときは使用者によるパワハラとして無効となります。

　配転命令については、最高裁昭和61年7月14日判決（判タ606・30）が

判断基準を示しています。それは、①業務上の必要性が存在しない場合、②著しい職業上又は生活上の不利益がある場合、③不当な動機や目的がある場合等は権利の濫用として無効となるという基準です。

　最近は、配転命令に育児・介護上の不利益を考慮する傾向にあります。例えば、東京地裁平成14年12月27日決定（労判861・69）は、共働きの夫婦の夫の東京から大阪への配転について、配転による重症の皮膚炎にり患した3歳以下の子2人の育児の不利益は通常甘受すべき程度を著しく超えるとして配転命令を無効としています。

2　高松高裁平成27年11月6日判決

　本設問の事例は、高松高裁平成27年11月6日判決（労ジャ49・42）を元にしています。

　この裁判は、病院の医事係の職員に対し、職務内容が不適切として清掃業務への配転命令等をしたことに対し、職員が配転命令等の無効を主張したという事案です。

　裁判所は、清掃業務は事務職業務と著しく異なる上に、医療法人は職員に対する退職勧奨が拒否されるやこの配転を命じており、配転命令は職員を退職に追い込むという不当な目的の下に行われたと推認されるとして、配転命令を無効としました。

　本設問の事例についても、Bに対する配転命令は、たとえ労働契約として業務が一般事務に限定されていなかったとしても、清掃業務という全く異なる業務への配転はパワハラとして無効とされるでしょう。また、このような配転命令についての不当な動機・目的も疑われます。

3　医療機関による職員に対するパワハラについての裁判例

　(1)　東京地裁平成29年12月22日判決（判時2380・100）

　歯科クリニックの理事長が、歯科衛生士に不快感を抱き、強引に退

職扱いにしようとして事実上解雇し、育児休業取得を拒否したのは違法とし、マタニティ・ハラスメントが社会問題となっていることに照らし慰謝料として200万円が相当としました。

(2)　名古屋高裁平成29年3月16日判決（労判1162・28）

病院の臨床検査技師が精神障害を発症したのは、勤務していた病院での技師長からの退職を示唆する発言や院長らとの面談で退職を迫られたことによって過重な心理的負荷を受けたことによるとして、休業補償給付不支給処分を取り消しました。

(3)　大阪地裁平成28年4月26日判決（平27(ワ)6410）

病院が看護助手は自己都合で退職したと主張したのに対し、看護助手が辞職の申入れをしたとは認められないとして雇用契約は終了していないとしました。

(4)　最高裁平成26年10月23日判決（民集68・8・1270）

マタハラの事案ですが、病院が理学療法士である女性労働者に対し妊娠中の軽易業務への転換を契機として降格させることは男女雇用機会均等法9条3項に違反するとしました。

32　看護学校の学生に対するハラスメント

　　A看護専門学校の学生Bが、必修科目である臨地実習科目の担当教員CがBに具体的に指示・指導をせず不当に低い評価をしたため単位を取得できなかったとしてハラスメント申立てをしました。ハラスメントかどうかはどのように判断すればよいのでしょうか。

　　看護学校における実習科目の履修に当たっては、学生が自発的に考察し実践し学びを深めていくことが期待されます。したがって教員が詳細に具体的指示や説明をすることなく学生が自ら考え行動するよう指示・指導し、その結果に基づいて評価することは不当とはいえません。ハラスメントかどうかはこの観点から判断すべきことになります。

解　説

1　教育機関でのハラスメント

　教育機関において、教員の学生に対するハラスメントが起こることがあります。

　大学などの教育機関におけるハラスメントについては、拙著「教育・保育機関におけるハラスメント・いじめ対策の手引－大学・小中高・幼保の現場対応」(新日本法規出版、2021年) に詳しく書きましたが、特にパワハラについては、職場におけるものと同様に、パワハラになるかどうかの境界線が分かりにくいいわゆるグレーゾーンがあり、パワハラになるかどうかの判断が難しいことが少なくありません。

2　教員の指示・指導におけるパワハラの判断基準

　教員の学生に対する指示・指導においてパワハラになるかどうかの判断基準はどう考えればよいでしょうか。

　これについては、基本的には職場におけるパワハラの判断基準と同様に、その言動をすべき必要性とその言動の相当性から判断することになるのですが、教育という面から異なった判断要素があります。

　まず学生は学びという点では未成熟な存在です。この点からは人格を否定するような言動や一方的な叱責は、学生に対して大きな精神的打撃を与えます。教える者としては常にその言動に行き過ぎがないかをチェックすべきです。

　次に教育における信頼関係という面です。いうまでもありませんが教育は教える者と学ぶ者との間の強い信頼関係が必要です。この点から教える側が学生に対してこの信頼関係を壊すような言動はパワハラになるといえます。例えば学ぼうとする意欲のある学生に対する指導放棄や不十分な指導はその学生に対する信頼を壊すものとしてハラスメントになります。

　また一般に教員は学生を評価する立場です。この点でも教員は評価される学生に対して優越的な立場にいます。この評価が恣意的あるいは不公正になされたときはハラスメントになります。

　これをまとめると次のとおりになります。

〇教員の学生に対するハラスメントの例

　・学生の人格を否定する言動
　・学生に対する一方的な叱責
　・学生との信頼関係を壊す言動
　・学生に対する不公正な評価

3　東京地裁平成26年4月17日判決

　本設問の事例は、東京地裁平成26年4月17日判決（平25(ワ)14605）を元にしたものです。

　この裁判は、ある自治体が設置する看護専門学校の男子学生が臨地実習科目である基礎看護学実習において、担当教員が具体的な指示・指導をせず、不当に低い評価をされたため単位を取得できなかった等を理由として、設置者の自治体に対し国家賠償法に基づき慰謝料等約500万円の損害賠償を請求したものです。

　裁判所は、当該実習科目の履修に当たって、学生は自らの知識を用いて担当患者の日常生活をどのように支援していくか等を自発的に考察し実践していくことが期待されているとし、個別の場面において担当教員の具体的指示は予定されていないから、担当教員に指導や成績評価に不当性はないとして学生の請求を棄却しました。

　本設問の事例でも、看護学校における実習科目の履修に当たっては、学生が自発的に考察し実践し学びを深めていくことが期待されますので、教員Cが詳細に具体的指示や説明をすることなくBが自ら考え行動するよう指示・指導し、その結果に基づいて評価することは一般的には不当とはいえません。ハラスメントかどうかはこの観点から判断すべきことになります。

4　医療関係の養成機関でのハラスメントについての最近の裁判例

(1)　大阪地裁平成30年6月28日判決（平26(ワ)11499）

　この裁判例は、理学療法士養成施設の学生が自殺したのは、同施設入学後、カリキュラムの一つとして診療所での実習を受けたときに診療所の指導担当の教員によるパワハラなどが原因であるとして、養成

施設と診療所の各法人に対して連帯して約6,000万円の損害賠償の支払を命じたというものです。

この裁判例では、学生が実習で疲労や心理的負荷を蓄積していたことに対して、配慮のない教員の言動がパワハラと認定されています。

(2)　東京地裁平成24年3月29日判決（平22(ワ)45308)

この裁判例は、看護専門学校の学生が病院での実習中に指導担当の看護師から長時間叱責されるなどのパワハラを受けたとして損害賠償を請求したケースについて、裁判所は、長時間の叱責の事実は認められない等として請求を棄却したものです。この裁判では、看護師の指導の態様の事実関係が争いの一つでしたが、証拠調べの結果、原告の主張は認められませんでした。

第 3 章

・・・・・・・・・・・・・・・・・・・・・・・・・・・・・・

介護施設における
ハラスメント

110

33　介護施設におけるハラスメントの種類と特徴

　介護施設におけるハラスメントにはどのような種類がありますか。また、ハラスメントの特徴はどういうものでしょうか。

　介護施設におけるハラスメントの種類としては、利用者や利用者の家族によるセクハラやパワハラの他に、介護施設の職員間のハラスメントがあります。利用者や利用者の家族によるハラスメントについては、介護職員がハラスメント被害に対して声を上げにくい構造があるのが特徴です。

> 解　説

1　介護施設におけるハラスメントの種類

　介護施設におけるハラスメントとしては、利用者や利用者の家族による介護職員・事務職員に対するセクハラやパワハラの他に、新型コロナウイルス感染症に関するハラスメント（コロハラ・ワクハラ）などの新しいハラスメントが数多く現れています。また、介護職員・事務職員間でのハラスメントも起きることがあります。

　介護施設における主なハラスメントをまとめたものが下の表です。この表にあるように、ハラスメントには、相手の胸倉をつかむなどの身体的ハラスメントと、暴言や嫌がらせなどの精神的ハラスメントに分かれ、さらに加害者・被害者別に分かれます。

　介護施設におけるハラスメントと暴力の関係は、医療機関におけるハラスメントと院内暴力の関係と同じです。

○介護施設における主なハラスメント

身体的・精神的	種　類	加害者	被害者・具体例
身体的ハラスメント	セクハラ・パワハラ	利用者・家族	介護職員・事務職員 ＊介護職員の胸を触る ＊事務職員の胸倉をつかむ
			他の利用者・家族
		介護職員・事務職員	利用者・家族
			介護職員・事務職員
精神的ハラスメント	セクハラ・パワハラ	利用者・家族	介護職員・事務職員 ＊「バカ」「デブ」
			他の利用者・家族
		介護職員・事務職員	利用者・家族
			介護職員・事務職員 ＊「あなたはヘルパー失格」
	SNSハラスメント・マタハラなど	利用者・家族	介護職員・事務職員 ＊ネットで介護職員を中傷
		介護職員・事務職員	介護職員・事務職員 ＊「この忙しいのに育休取るのか」

2　介護施設における利用者やその家族からのハラスメントの特徴

　介護施設のハラスメントは加害者別に、利用者やその家族からのハ

ラスメントと、介護職員・事務職員間のハラスメントに分かれますが、これらはそれぞれ特徴や原因が異なります。

　介護施設におけるハラスメントのうち介護職員・事務職員間のハラスメントの特徴についてはＱ44で解説しますので、ここでは利用者やその家族による介護職員・事務職員に対するハラスメントの特徴をまとめておきましょう。

　その最大の特徴は、介護職員がハラスメント被害に対して声を上げにくい構造があるということです。それは介護施設の職員が、介護という対人援助、対人支援を仕事としていることから、利用者から嫌なことをされても我慢しなければならないとか、ハラスメントだと騒ぐ人はプロではないと思われるのではないかと考えてしまうことから来ます。

　2つ目の特徴は、介護の仕事上、利用者と身体的に接触することが多いことから、利用者からの暴力やハラスメント被害が発生する危険性があるということです。さらにこの特徴は、介護現場が密室であることが多いことや、介護職員には女性スタッフが多いこととも関連しています。

　3つ目の特徴は、利用者や利用者の家族が介護サービスに過剰な期待をすることがあり、それが実現されないと不満となってハラスメントにつながることです。

　ハラスメント対策としては、これらの特徴を踏まえた対応が必要になります。

34　介護施設におけるハラスメントの実態

　　介護施設におけるハラスメントが増えていると聞きます。利用者や利用者の家族による介護職員に対するハラスメントの実態はどのようになっているのでしょうか。

　　2019年2月に実施された厚生労働省委託調査によりますと、介護施設の職員の2人に1人は、これまでに利用者からのハラスメントを受けたことがあると回答しています。中でも介護老人福祉施設では、ハラスメントのうち身体的暴力の割合が90％を超えています。このように被害実態は非常に深刻です。

解　説

1　2019年厚生労働省委託実態調査

　介護現場におけるハラスメントについてはこれまで幾つかの実態調査が実施されていますが、その一つとして厚生労働省が委託した「介護現場におけるハラスメントに関する調査研究事業実態調査」があります。この調査は2019年2月に実施されたもので、介護サービス機関の管理者宛てに10,000通の調査票を郵送してWEBによる回答を求め、また管理者から当該介護施設の職員に質問票を配付してもらいWEBによる回答を求めたものです。

　その結果、管理者からの回収数は2,155通（回収率21.6％）とやや低かったのですが、職員からの回答は10,112通にも上りました。この調査結果は、その回答数からして介護現場のハラスメントの実態を反映しているものとみてよいでしょう。

○図表1　ハラスメントを受けたことがある職員の割合（単位：%）

（上がこれまで、下がこの１年間(平成30年、(n =10112))）

利用者から：

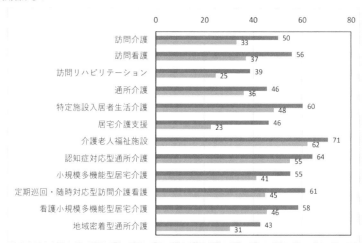

家族から：

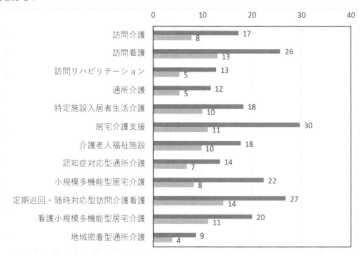

（出典：厚生労働省ホームページ「介護現場におけるハラスメント対策マニュアル」（令和3年度改訂版）61・62頁）

　この調査では、まずハラスメントを受けたことがあるかどうかについて、職員からの回答として、利用者からと家族等からに分け、これまでのものとこの1年間のものとでまとめたものが図表1です。

　この図表1にあるとおり、これまでに利用者からのハラスメントを受けたことがある職員は多くの介護サービスで50%を超えています。つまり2人に1人の職員はこれまでに利用者からのハラスメントを受けたことがあるということです。また、この1年間のものについてもハラスメント被害を受けた職員の割合は高くなっています。

　ハラスメントを受けた内容については、次の図表2にあるとおりです。認知症対応型通所介護や介護老人福祉施設では身体的暴力の比率が86.8%から90.3%と非常に高くなっています。

○図表2　職員がこの1年間で利用者からハラスメントを受けた内容の
　　割合（複数回答）（ n＝3113）

	身体的暴力 (%)	精神的暴力 (%)	セクシュアルハラスメント (%)	その他 (%)	該当者数 (人)
訪問介護	41.8	81.0	36.8	3.2	840
訪問看護	45.4	61.8	53.4	3.4	262
訪問リハビリテーション	51.8	59.9	40.1	4.5	222
通所介護	67.9	73.4	49.4	1.7	237
特定施設入居者生活介護	81.9	76.1	35.6	3.4	326
居宅介護支援	41.0	73.7	36.9	4.1	217
介護老人福祉施設	90.3	70.6	30.2	2.2	629
認知症対応型通所介護	86.8	73.7	33.3	1.8	114
小規模多機能型居宅介護	74.7	71.9	32.9	2.7	146
定期巡回・随時対応型訪問介護看護	59.7	72.0	37.1	4.8	186
看護小規模多機能型居宅介護	72.6	71.8	31.1	3.7	241
地域密着型通所介護	58.4	70.1	48.0	2.8	358

注：色のある項目は、サービス種別の上位1項目。

（出典：厚生労働省ホームページ「介護現場におけるハラスメント対策マ
　　ニュアル」（令和3年度改訂版）63頁）

2　ハラスメント被害による介護職員への影響

　また、ハラスメントによる職員への影響については、次の図表3のとおり、ハラスメントを受けてけがや病気になった職員の割合は5％から22％と非常に高くなっていることは、ハラスメントの影響の深刻さを示しています。

　さらに見逃してはならないことは、ハラスメントを受けたために仕事を辞めたいと思った職員の割合です。その割合は15％から37％にもなっています。ハラスメントを受けることは離職につながることを認識する必要があります。

○図表3　ハラスメントを受けてけがや病気になった職員、仕事を辞めたいと思った職員の割合

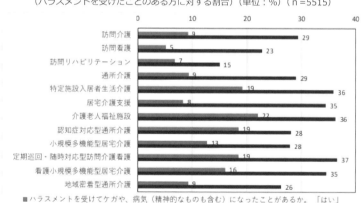

（ハラスメントを受けたことのある方に対する割合）（単位：％）（n＝5515）

■ハラスメントを受けてケガや、病気（精神的なものも含む）になったことがあるか。「はい」
■ハラスメントを受けて仕事を辞めたいと思ったことがあるか。「はい」

（出典：厚生労働省ホームページ「介護現場におけるハラスメント対策マニュアル」（令和3年度改訂版）64頁）

35　利用者から介護施設へのクレーム（苦情）とハラスメント

 　介護施設では利用者や家族からさまざまなクレーム（苦情）が出され、それがハラスメントやさらには暴力につながることがあります。クレームに対してはどのように対応すればよいのでしょうか。

 　利用者や家族の介護施設に対する不満は多種多様で、また原因も多岐にわたります。このような不満はクレーム（苦情）という形であっても表に出してもらうことが大切です。クレームはそれが介護施設として対応できるものかどうかで分け、対応できないものについてもできるだけ誠実に説明すべきですが、説明に納得せず、クレームの手段や内容が不当なものはハラスメントや暴力として対応すべきです。

解　説

1　介護施設の苦情対応

　利用者や家族の介護施設に対する不満は多種多様で、また原因も多岐にわたります。このような不満はクレーム（苦情）という形であってもまずその不満を表に出してもらうことが大切です。

　介護保険における苦情対応については、図1のように、利用者は介護サービス事業者等、市区町村（地域包括支援センター）のほか、国保連合会の介護サービス苦情処理委員会に苦情を申し立てることができます。

　介護保険制度におけるクレーム対応については、その役割として、利用者の権利擁護と介護サービスの質の維持・向上が挙げられています（国保連合会「介護保険制度等における苦情対応について」）。クレームには、介護施設がよりよい介護サービスを提供するきっかけとなったり、日常ではわからない患者のニーズを把握できるなど有益な役割があります。このような有益なクレームは介護施設としては歓迎すべきものです。

　他方、暴言等を伴うような行き過ぎたクレームやとても実現ができないクレームなど手段や内容が不当なクレームは、無益であるばかりか、介護業務の妨害となります。また、クレームがハラスメントや暴力につながることもあります。

○図1　介護保険における苦情対応

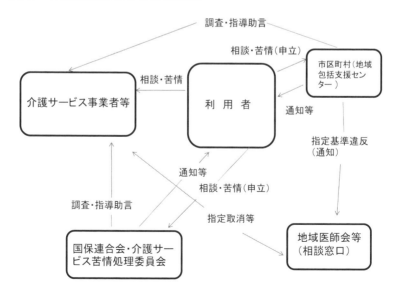

2　利用者やその家族のクレームとハラスメント・暴力

　利用者やその家族の介護施設に対するクレーム対応と、それがハラスメントや暴力につながる流れは図2のとおりです。この図はＱ14の医療機関での流れとほぼ同じになります。

　この図にあるとおり、利用者やその家族のクレームに対して介護施設として対応すべき場合、例えば介護職員の不手際や連絡ミスなどは謝罪、原因究明と再発防止の対応をすべきです。ただ、介護施設として対応すべき内容ではあっても、大声でクレームを出すなどの手段が相当でない場合はハラスメントになります。

　介護施設として対応できない内容のクレームについては、誠実な説明が基本です。すぐに不当クレームのレッテルを貼って強硬な態度で対応することは避けるべきです。ただ、説明をしても納得が得られない場合に、利用者やその家族による暴言などの不相当なクレームに発展することがあります。

　重要なことは、クレームの内容として対応できる、できないの区別なしに、クレームの手段や態様が許容限度を超えたときはハラスメントとして対応を採るということです。暴力に至った場合はなおさらです。クレームの手段と態様としてどこまでが許容できるか、許容できる範囲を超えたときにどういう対応を採るかということは前もってマニュアル化しておくことがよいでしょう。

○図2　利用者やその家族のクレームとハラスメント

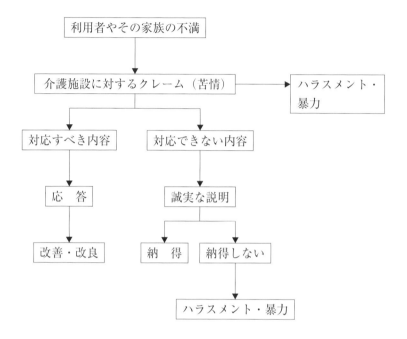

36　利用者から介護職員へのハラスメント（セクハラ）

　　訪問介護の男性利用者Ａは訪問介護に来た女性介護職員Ｂに対し、「お姉ちゃん」と呼んだり、性的な言い方で陰部の洗い方を強要したりします。このような利用者にはどのように対応すればよいのでしょうか。

　　介護職員からこのような被害の申告があれば、事業者として直ちに対応する必要があります。事実確認の上で、被害者の介護職員に対するケアと担当の変更を行い、また利用者への厳重抗議と再発時の契約解除の通告も必要となります。他の介護施設での被害防止のために介護施設間での情報の共有も図るべきです。

解　説

1　利用者からのセクハラ

　「介護現場におけるハラスメントに関する調査研究報告書」（2019年2月　厚生労働省委託実態調査）によれば、この1年間に利用者からハラスメントを受けたことがある人のうち、セクシュアル・ハラスメントを受けたという人の割合はＱ34の図2のとおりです。

　この調査によると、セクシュアル・ハラスメントを受けた割合の多い介護現場としては、訪問看護（53.4％）、通所介護（49.4％）が高く、ほぼ半数の介護職員がセクハラ被害を受けています。その他の介護現場でも30％を超えていますので、その実態は非常に深刻な状況にあることは明らかです。

　この調査では被害内容として、「サービス提供時に不用意に手を握る、抱きしめるなどの身体接触があった」「性的発言を繰り返し言われ

た」「ニヤニヤしながら腰や胸などをじっと見つめてくる」「性的な関係を強要された」「食事やデートに執拗に誘われた」「他者に対して自身の性的なことを吹聴された」「アダルトビデオを流す」「ヌード写真が見られるように置いた」などが挙げられています。

2　利用者からのセクハラに対する対応

　セクハラにはさまざまな言動が含まれますが、受けた人が不快になったかどうかが基準です。からかいのような軽い性的言動であっても、言われた介護職員が不快になればセクハラとして対応すべきです。

　本設問の事例は、厚生労働省委託「介護現場におけるハラスメント事例集」（令和3年3月）の事例2を元にしたものです。

　この事例は、訪問サービスの利用者が、訪問した職員を「お姉ちゃん」と呼び、更に性的な意味合いを含めて陰部の洗い方を強要し、「旦那にもやっているんだろう」等と言ったりしたというケースです。この利用者に対しては、その場でやめるように伝えていましたが、利用者は納得しませんでした。そこで管理者が、利用者、家族、管理者、ケアマネジャー、地域包括支援センター担当者で会議を開催し、その会議で、利用者に対しその言動がハラスメントであること、今後も続くようであればサービスの提供は難しくなるとの説明をしたところ、利用者は自分の発言がハラスメントに当たることに納得がいかない様子でしたが、発言の過激さは治まったということです。

　ハラスメントは小さいうちに注意しておかないとエスカレートすることが多いので、早いうちに地域包括支援センター等へ相談するなどして対応を検討することが必要になります。また、このような対応の前提として現場の介護職員に対してどんな小さなことでもセクハラと思われる言動については事業所に報告する仕組みを作っておくことも大切です。

　本設問のセクハラに対する対応としては、まず介護職員Bからの報告について、利用者の状態とともに詳しく被害事実の確認をした上で記録に残します。その上で、被害を受けた介護職員Bに対するケアと担当の変更を行います。また、できるだけ早い段階でケアマネジャーや地域包括支援センター等への相談を実施し、利用者への厳重注意等により再発防止を図ります。そして再発するときには契約解除をする旨を伝えておきます。また、このようなセクハラ被害の情報は、他の介護施設での被害防止のために介護施設間での情報の共有も図るべきです。

37　利用者から介護職員へのハラスメント（暴言・暴力）

　　介護付き有料老人ホームの男性入居者Aが、施設の介護職員らに対し、しばしば不満を述べたりするなどの言動がありましたが、過日、ある女性職員の対応に立腹して女性職員を追い掛け、2mほどのところから椅子を投げ付けて女性職員の手に怪我をさせるという事件がありました。このような場合にはどう対応すればよいのでしょうか。

　　利用者の暴力行為による職員の受傷という事実は軽視できない事件です。施設としては、被害者に対するケアとともに、加害者への傷害に対する賠償請求、暴力行為に基づく契約解除通知などが必要です。なお、暴力行為によって傷害などの被害が生じたときは直ちに解除できるとの契約条項も検討する余地があります。

　解　説

1　利用者による暴言・暴力

　利用者の介護職員に対する暴言や暴力は、パワハラとして対応する必要性があります。ただ、その対応は利用者の心身の状態、再発可能性、家族の対応のほか、介護施設、事業所の種別も関係します。

　利用者からの暴言や暴力についても、介護施設として利用者によるセクシュアル・ハラスメントと同様に、小さな出来事でも報告する体制を設け、早い段階での対策を講じておく必要があります。

2　利用者の暴言・暴力についての最近の裁判例

　本設問の事例は、東京地裁平成27年8月28日判決（平24(ワ)30689）を元にしています。この判決は、入居者の暴力行為に基づく契約解除を無効としたもので、介護施設としては、参考例として念頭に入れておいた方がよいケースです。

　この判決の事実関係は次のようなものです。介護付き有料老人ホームの入居者（事件発生当時71歳）が職員に対ししばしば長時間にわたって不満を述べたりすることがありました。施設から入居後9年が経過したあるとき、この入居者が職員に声を掛けたのに待たされたことに立腹して職員を怒鳴りつけ、逃げ出した職員を追い掛けて2mほどのところから椅子を投げ付けて職員の手に怪我をさせるという事件を起こしました。施設はこの入居者に謝罪や、遵守事項に反したときの契約解除に異議がないことの誓約に応じるように求めましたが、入居者は拒絶したので施設は入居者との契約を解除しました。この裁判は、施設を運営する法人が入居者に対して暴力行為に基づく契約解除による部屋からの退去を求めたものです。

　この判決のポイントは、入居者への入居契約書の解除条項にあります。入居契約書には解除事由として「他の入居者及び施設の管理運営上に迷惑の及ぶ危険な行為や暴力行為が度々行われる場合」とされていました。裁判所は、この入居者には入居契約を存続させることが困難なほど粗暴な傾向があるとは認め難い、今後は暴力行為が入居契約の解除の問題になるという自覚がその自制に資することが期待できるとし、入居契約書の解除事由である暴力行為が度々行われるとはいえないとして契約解除を無効と判断しました。

　なお、この裁判自体はこの入居者のその後の管理費不払による解除を有効として法人による退去請求を認めています。

3　対応方法

　本設問の事例については、介護施設において、利用者の暴力行為による職員の受傷という事実は軽視できない事件ですので、施設としては、職員に対する安全配慮義務の見地から、被害者の職員に対するケアとともに、入居者に対して傷害に対する賠償請求をすべきです。

　入居契約の解除については、本設問では契約条項が示されていませんので判断できませんが、少なくとも暴力行為再発時の契約解除通知は必要です。ただ、本件のような事態に備えて、暴力行為によって傷害などの被害が生じたときは直ちに解除できるとの契約条項も検討する余地があります。

38　利用者の家族から介護職員へのハラスメント（暴言）

　　ある事業所がケアプランを担当することとなり、担当者が利用者とその子どもに介護保険サービスの説明をしたのですが子どもは納得せず、事業所宛てに、「ぼったくり」とか「こんなサービスで金を取るのか」等の脅迫めいたメールが届くようになりました。

　　このような利用者の家族からのメールはハラスメントとして対応すべきです。事業所内で対応方針を相談した上で、この利用者の子どもに対し、子どものメールで担当者が恐怖心を持っていることや、このままの関係ではサービス提供ができないことをはっきり伝える必要があります。

解　説

1　利用者の家族からのハラスメントの実態

　「介護現場におけるハラスメントに関する調査研究報告書」（平成31（2019）年3月　厚生労働省委託実態調査）ではQ34の図1にあるとおり、これまでに利用者の家族等からハラスメントを受けたことがあると回答した人の割合は9％から30％でした。この割合は、特に居宅介護支援や訪問看護で比率が高くなっています。

2　利用者の家族からのハラスメントの事例

　「介護現場におけるハラスメント事例集」（令和3年3月　厚生労働省委

託実態調査）は、合計14の事例を挙げていますがその内訳は、利用者によるものが5例、利用者の家族によるものが9例となっており、利用者の家族によるハラスメントについての対応が難しいことを示しています。

　本設問の事例は、同事例集の事例13「介護保険制度への理解不足をきっかけに、家族による暴言へと発展した事例」を元にしたものです。

　事例13は次のようなものです。ある事業所がケアプランを担当することとなり、利用者と利用者の子どもにケアプランの提案をしたのですが、制度への理解が薄く、職員をお手伝いさん程度に思っていたとの印象も受けたということでした。担当者が介護保険サービスの説明をしたのですが、子どもは納得せず、事業所宛てに、「ぼったくり」とか「こんなサービスで金を取るのか」等の脅迫めいたメールが届くようになりました。

　担当者から管理者に相談したところ、困難事例と判断し、事業所内で対応方針を相談しました。そして子どもに対し、子どものメールで担当者が恐怖心を持っていることや、このままの関係ではサービス提供ができないことを伝えたところ、即答で謝罪があったということです。

　本事例で参考になることは、ハラスメントがあったときに事業所として対応したことと、ハラスメント被害に対して事業所としてはっきり指摘したことです。このようにハラスメントに対しては、担当者だけで対応するのではなく事業所として対応することが大切です。

39　利用者から介護職員へのハラスメント・暴力に対する防止体制

　利用者から介護職員へのハラスメント・暴力防止体制として、事業者と介護職員の取り組むべきことについてのポイントを教えてください。

　事業者としてはハラスメント・暴力防止の基本方針の作成と周知から始めます。マニュアルの作成と周知も必要です。利用者と家族へは、基本方針の周知だけでなく、ハラスメントや暴力に関する契約書等への記載は不可欠です。職員に対しては、職員や管理者等への研修の実施、アンケートなどの実情調査が必要です。

【解　説】

1　ハラスメント防止対策の現状

　「介護現場におけるハラスメントに関する調査研究報告書」（2019年2月　厚生労働省委託実態調査）によると、事業者によるハラスメント防止対策の整備状況は次の表のとおりです。

　この表から、ハラスメント防止対策の現状についてさまざまなことがわかります。

　最も多い対応は、ハラスメントのリスクを検討する体制があるという項目ですが、確かに防止対策としてはこの対策が基本となります。ただ問題はこの体制が現実に機能しているかどうかです。介護を担当する職員がこのリスクを感じたときにすぐにこの検討が行われるかどうか、そのリスクが施設で共有できる体制になっているかどうかなど、実効性を伴う体制作りが必要になります。

　次に多い対応は、特定の職員が長期固定化して担当しないようにするなどの職員配置の対応です。この対応も基本の一つといえます。ただこの対応も小さな事業所では難しいことも多く、他の事業所の協力を求めることも多いでしょう。その意味では事業所間の連携は不可欠です。

　この表で気になる点は、ハラスメント防止体制として、職員からのハラスメント被害報告体制の整備が項目に上がっていないことです。項目に上がっていないとしても防止対策の基本として積極的に整備すべきです。

○事業者によるハラスメントの防止対策の整備状況（n＝2155）

	利用者・家族等の様々な状況からハラスメントのリスクを施設・事業所内で検討する体制がある（攻撃的な態度やハラスメント行為の前歴を確認するなど）	ハラスメント発生のリスクが高い場合、加算の対象となる複数人で対応する体制としている	ケアを行う担当者以外の職員（ケアに携わらない職員）も適宜同行又は同席して対応できるように職員配置している	特定の職員が長期間固定して特定の利用者を担当することがないように職員配置している	特定の職員が長期間固定して特定の利用者を担当することがないように、適宜、他の施設・事業所と分担してサービスを提供している	同性介助が実施できるように職員配置している	安全確認の為、施設・事業所から施設・事業所外にいる職員に連絡をするシステムがある
訪問介護	45.7	16.6	32.9	45.7	14.8	18.3	22.1
訪問看護	43.4	40.2	37.7	46.7	10.7	9.8	21.3
訪問リハビリテーション	48.1	18.5	18.1	23.1	8.5	19.2	25.4
通所介護	45.6	8.8	29.3	34.0	15.0	40.1	15.0
特定施設入居者生活介護	54.2	9.7	29.2	50.0	15.3	23.6	22.2
居宅介護支援	42.4	11.1	24.6	11.5	3.6	7.7	13.5
介護老人福祉施設	46.2	13.8	26.2	35.4	15.4	20.0	6.2
認知症対応型通所介護	41.1	7.1	26.8	32.1	10.7	42.9	30.4
小規模多機能型居宅介護	45.5	16.7	28.8	50.0	12.1	40.9	33.3
定期巡回・随時対応型訪問介護看護	65.8	20.5	35.6	50.7	16.4	24.7	27.4
看護小規模多機能型居宅介護	50.7	19.4	34.3	52.2	19.4	35.8	28.4
地域密着型通所介護	46.5	9.7	27.5	30.8	7.9	30.5	16.9

（出典：厚生労働省ホームページ「介護現場におけるハラスメント対策マ

ハラスメントのリスクマネジメントを行う病院や委員会と連携している	ハラスメントの発生ケースを振返り施設・事業所内で再発防止を検討する体制がある	ハラスメントの発生ケースについて他の事業者と情報共有する	ハラスメントの発生ケースについて必ず利用者の主治医に報告し連携をとる体制がある	ハラスメントの発生ケースについて保険者と情報共有し、連携協力して対応する体制がある	施設・事業所の広告等において異性をひきつける表現にならないよう注意している	苦情対応に当たっては、不適切な対応となり、ハラスメントに発展しないよう複数の職員が同席して対応している	苦情対応に当たっては、対応する職員および利用者・家族等の双方の言動がエスカレートしないよう、対応方法について定期的に職員研修を実施している	特にない
2.6	28.9	33.6	8.2	15.5	9.3	22.3	20.8	7.9
7.4	33.6	32.8	23.0	9.8	9.0	26.2	14.8	4.9
17.7	30.0	26.9	17.3	11.2	11.2	20.8	15.4	18.1
4.1	34.7	23.8	5.4	8.8	10.9	24.5	16.3	10.2
6.9	50.0	20.8	29.2	13.9	8.3	40.3	23.6	6.9
5.9	23.7	25.3	8.8	21.2	3.2	17.6	15.1	21.2
12.3	41.5	18.5	6.2	12.3	4.6	61.5	27.7	6.2
7.1	32.1	19.6	12.5	14.3	3.6	19.6	8.9	10.7
7.6	34.8	19.7	13.6	21.2	18.2	36.4	22.7	7.6
9.6	45.2	31.5	11.0	15.1	1.4	37.0	32.9	6.8
6.0	34.3	16.4	28.4	14.9	4.5	31.3	19.4	9.0
2.4	29.6	21.5	6.0	12.4	6.3	18.4	13.9	14.8

ニュアル」（令和3年度改訂版）68頁）

2　事業者として取り組むべき防止体制

　2019年の厚生労働省委託による「介護現場におけるハラスメント対策マニュアル」には、事業者として取り組むべきハラスメント防止体制として次のことが挙げられています（同13頁）。

① 事業者としての基本方針の決定
② 基本方針の職員・利用者・家族への周知
③ マニュアル等の作成・共有
④ 報告・相談しやすい窓口の設置
⑤ 介護保険サービスの業務範囲等へのしっかりした理解と統一
⑥ PDCAサイクル（Plan・Do・Check・Act）の考え方を応用した対策等の更新

　まず介護施設の事業者としては、しっかりとしたハラスメント・暴力防止対策についての基本方針を作成して職員、利用者、家族に周知することから始めます。基本方針は現場からの声が反映されるように、できるだけ多くの職員が参加して作成します。職員への周知は、マニュアルの作成と配布と共に研修の機会に行うのがよいでしょう。

　利用者・家族への周知として、ハラスメントや暴力に関しての契約書や重要事項説明書への記載は不可欠です。書くことで利用者に不快感を与えるとの心配があるかもしれませんが、伝え方に配慮する等をした上で必ず記載しておくべきです。サービス範囲の利用者・家族との共通理解は、できないサービスを断るために必要なことです。相談窓口には、どんな小さなことでも報告や相談ができる旨の周知を徹底します。

3　職員に対して取り組むべき防止体制

　次に「介護現場におけるハラスメント対策マニュアル」には、職員に対して取り組むべきハラスメント防止体制として次のことが挙げら

れています（同20頁～22頁）。

①　必要な情報の周知徹底

②　介護保険サービスの業務範囲の適切な理解の促進

③　職員への研修の実施、充実

④　職場でのハラスメントに関する話合いの場の設定、定期的な開催

⑤　職員のハラスメントの状況把握のための取組

⑥　職員自らによるハラスメントの未然防止への点検等の機会の提供

⑦　管理者等向けの研修の実施、充実

　この中では、職員や管理者等への研修の実施が不可欠です。この研修では、ハラスメントとは何かという基本も大事ですが、それより効果のあるのは設例を用いたシミュレーション研修でしょう。もし実際に起きた例があれば、それを用いての研修は再発防止につながります。また、現状を把握するためのアンケートなどの実情調査も必要です。

40　利用者から介護職員へのハラスメント・暴力への対応体制

 　利用者から介護職員へのハラスメントや暴力が起きたときの対応体制のポイントを教えてください。

 　利用者から介護職員へのハラスメントや暴力が起きたときに何より大切なことは初動対応です。この初動対応はハラスメントの内容と程度によって異なりますが、特に身体的暴力については、避難と他の職員への緊急連絡により職員の安全を図ることが第一です。

解　説

1　ハラスメントや暴力が起きたときの対応方法の実態

　「介護現場におけるハラスメントに関する調査研究報告書」(2019年2月　厚生労働省委託実態調査)(以下「厚労省委託調査」といいます。)によると、事業者の回答として、事業者によるハラスメント発生時の対応方法として最も多いのは、図表1のとおり、「施設・事業所として把握した際、ハラスメントの事実確認を行う」です。その他には「職員と具体的対応について話し合う場を設定する」「職員に今後の対応について明確に示す」が多くなっています。ただ、これらに比べ、「利用者・家族等と速やかに話し合いを行い、再発防止策を検討する」は少なくなっています。

○図表1　事業者によるハラスメント発生時の対応方法（n＝2155）

	施設・事業所として把握した際、ハラスメントの事実確認を行う	職員に今後の対応について明確に示す	職員と具体的対応について話し合う場を設定する	ハラスメントの情報を他の施設・事業者間で共有し、連携して対応を行う	ハラスメントの情報を保険者と共有し、連携して対応を行う	再発防止策を実施できるまでは、加算の対象となる複数人で対応する体制をとる	再発防止策を実施できるまでは、ケアを行う担当者以外の職員（ケアに携わらない職員）も同行又は同席する	被害を受けた職員のケアを行い、再発防止策を検討する	利用者・家族等と速やかに話し合いを行い、再発防止策を検討する	別の施設・事業所を紹介するとともに利用の合意のもと契約を解除する
訪問介護	84.5	79.0	81.9	47.5	24.7	10.4	24.3	57.2	62.0	14.6
訪問看護	81.1	80.3	85.2	50.8	17.2	28.7	28.7	59.8	53.3	19.7
訪問リハビリテーション	85.0	77.7	78.1	51.9	20.4	15.0	20.0	51.9	58.5	19.2
通所介護	78.9	72.1	77.6	43.5	19.7	6.1	20.4	38.1	52.4	6.1
特定施設入居者生活介護	90.3	72.2	75.0	36.1	16.7	2.8	25.0	45.8	79.2	11.1
居宅介護支援	90.8	63.7	76.5	42.7	33.0	7.9	22.6	30.0	55.5	16.7
介護老人福祉施設	86.2	72.3	88.2	36.9	21.5	13.8	26.2	47.7	69.2	6.2
認知症対応型通所介護	82.1	71.4	80.4	46.4	17.9	10.7	14.3	26.8	57.1	
小規模多機能型居宅介護	86.4	77.3	84.8	34.8	33.3	13.6	34.8	47.0	59.1	6.1
定期巡回・随時対応型訪問介護看護	89.0	78.1	75.3	52.1	24.7	13.7	21.9	50.7	63.0	20.5
看護小規模多機能型居宅介護	86.6	80.6	60.6	28.4	23.9	11.9	25.4	49.3	73.1	20.9
地域密着型通所介護	81.9	75.2	78.2	34.7	21.1	4.5	18.7	51.9	58.3	10.0

注：色のある項目は、サービス種別で上位3項目。選択項目のうち「特にない」「その他」を除いて表示。

（出典：厚生労働省ホームページ「介護現場におけるハラスメント対策マニュアル」（令和3年度改訂版）68頁）

　他方、厚労省委託調査では、職員の回答として施設・事業所に希望する対応として多いのは、図表2のとおり、「ハラスメントの報告をした際、今後の対応について明確に示して欲しい」「具体的な対応について話し合う場が欲しい」「利用者・家族等へ注意喚起し、再発防止に努めて欲しい」となっています。

　特に図表1と図表2で異なっているのが、利用者・家族との話合いや注意喚起です。この点について、職員の希望が事業者の対応に反映していないことが問題です。また、職員の回答に「ハラスメントの報告をした際、事実を認めて欲しい」も多くなっています。このことは逆にいうと、報告をした際に、事業所から、事実について疑われるケースが少なくないことを示しています。これでは職員は安心してハラスメント被害を報告できないことになります。事業者にはこの点についても配慮が必要です。

◯図表2　利用者・家族等からハラスメントを受けた場合に施設・事業所に希望する対応（複数回答）

（単位：%）（n＝10112）

	ハラスメントの報告をした際、事実を認めて欲しい	ハラスメントの報告をした際、今後の対応について明確に示して欲しい	具体的な対応について話し合う場が欲しい	他の機関や施設・事業所と情報共有を行い、適切な対応を取って欲しい	複数人で対応するなどの対応を取って欲しい	担当を変えるなどの対応を取って欲しい	利用者・家族等へ注意喚起し、再発防止に努めて欲しい	回答数
訪問介護	36.9	58.3	41.6	29.5	34.1	35.1	42.3	2532
訪問看護	42.4	65.0	52.8	46.3	56.8	46.6	50.1	706
訪問リハビリテーション	37.6	65.3	48.1	38.8	41.2	44.7	42.0	901
通所介護	35.3	53.4	41.2	28.4	34.2	18.5	39.8	655
特定施設入居者生活介護	37.4	59.4	40.4	21.0	30.9	19.0	41.8	673
居宅介護支援	34.8	58.5	50.3	36.9	44.8	38.3	38.1	959
介護老人福祉施設	37.1	56.9	42.1	26.9	33.8	20.0	37.3	1010
認知症対応型通所介護	41.1	60.4	49.3	26.1	40.6	20.3	32.9	207
小規模多機能型居宅介護	37.4	59.5	48.4	28.3	36.0	26.6	45.9	353
定期巡回・随時対応型訪問介護看護	42.8	64.0	39.9	32.9	36.7	30.2	50.7	414
看護小規模多機能型居宅介護	42.9	61.4	47.1	29.9	43.1	25.9	45.0	529
地域密着型通所介護	37.9	53.9	44.1	26.6	37.4	23.4	40.0	1173

注：選択項目のうち「特にない」「その他」を除いて示している。色のある項目は、サービス種別で上位3項目。

（出典：厚生労働省ホームページ「介護現場におけるハラスメント対策マニュアル」（令和3年度改訂版）70頁）

2　利用者から介護職員へのハラスメントや暴力が起きた時の対応

　利用者から介護職員へのハラスメントや暴力が起きたときに何より大切なことは初動対応です。この初動対応は、ハラスメントの内容と程度によって異なりますが、身体的暴力については、避難と他の職員への緊急連絡により職員の安全を図ることが第一です。

　初動対応とその後の対応については、施設内でのハラスメントや暴力は、基本的にはQ20の医療機関の対応と同様に、次の図表3にあるとおりの対応となります。

○図表3　ハラスメント・暴力に対する対応チャート図

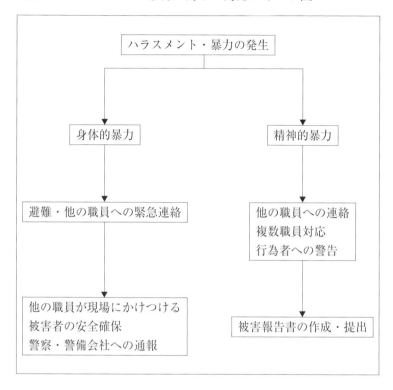

41　利用者から利用者へのハラスメント

　　ある高齢者介護施設で、男性入所者Aが車椅子に乗っている女性入所者Bの車椅子をいきなり押して転倒させ大怪我を負わせました。このような場合、施設を運営する事業者は法的責任を負うのでしょうか。

　　介護に当たる介護職員が、利用者から利用者へのハラスメントや暴力についてそれが予見できるような事情があり（予見可能性）、その結果を回避できるのにしなかったとき（結果回避義務違反）は、事業者の安全配慮義務違反として債務不履行による損害賠償責任を負います。

> 解　説

1　利用者から利用者へのハラスメントや暴力

　利用者が利用者に対してハラスメントや暴力に及んだときは、加害行為をした利用者は被害を受けた利用者に対して不法行為に基づく損害賠償責任を負います。加害行為をした利用者が認知症などにより是非善悪を判断する能力を失っているときは、不法行為責任は負いません（民713）。

　介護サービスを提供する事業者は、利用者に対して介護サービス提供契約に基づき利用者の生命や身体の安全に配慮すべき義務を負います。介護に当たる介護職員が、利用者から利用者へのハラスメントや暴力についてそれが予見できるような事情があり（予見可能性）、その結果を回避できるのにしなかったとき（結果回避義務違反）は、事業者の安全配慮義務違反として、事業者は、債務不履行による損害賠償責任を負います。

他方、利用者から利用者へのハラスメントや暴力があったとき、加害行為をした利用者がこれまで暴力的な行為を取ったことがなくハラスメントや暴力に及ぶことが予見できない状況にあったときは、事業者は損害賠償責任は負わないことになります。

2　利用者から利用者へのハラスメントについての裁判例

本設問の事例は、大阪高裁平成18年8月29日判決（平17(ネ)2259）を元にしています。この裁判の事実関係は次のようなものでした。

ある特別養護老人ホームにおいて、ショートステイを利用していた高齢者A（女性）（要介護3）が、同じ園でショートステイを利用していた高齢者B（女性）（要介護5）の乗っていた車椅子を自分の物と勘違いしてその車椅子を押したためにBが転倒し、大腿骨頚部骨折の傷害を負いました。この転倒の前にAは三度、Bの車椅子を自分の物と勘違いしてハンドルをつかんだりしていました。Aは認知症の症状があり、日常的に暴力的な行為がみられ、事故当日も職員が着替えをさせようとすると引っかく、叩くなどの行為がありました。

その後Bは死亡したため、Bの遺族が特別養護老人ホームを経営する社会福祉法人に対し、BがAの行為によって傷害を受けたことについて入所者に対する安全配慮義務違反として損害賠償を請求しました。

一審の大阪地裁は施設には安全配慮に欠けることはなかったとして請求を棄却しましたが、控訴審の大阪高裁は、Aの事故前の行動から、介護職員はAがBの乗っていた車椅子を押すことは予見できたとして事業者の安全配慮義務違反を認定し、社会福祉法人に合計約1,050万円の損害賠償の支払を命じました。

　この判決から学ぶ点は、事故防止のためには、介護職員が普段から利用者の行動を十分把握し事故が発生しないように配慮しておくことです。このことは当たり前のように捉えられるかもしれませんが、介護職員間での連携がない場合には、事故防止のための必要な配慮に欠けるケースが生じることがあります。職員間の情報共有について現場で常に確認することが必要です。

42　介護職員から利用者へのハラスメント（身体拘束）

　　介護施設の認知症専門棟に入居中の高齢者が施設内で
何度も転倒したり、1人で歩行しようとすることがあっ
たため、やむを得ず、数時間の間、エプロン型帯やＹ字
帯を使って下半身の拘束をしました。ところが、このこ
とを知った家族からハラスメントだとのクレームが来ま
した。どのように対応すればよいでしょうか。

　　身体拘束が許されるかどうかは、身体拘束3原則であ
る「切迫性」「非代替性」「一時性」の3つの要件に照らし
て判断することが必要です。この事例では、これらの要
件を満たしている可能性がありますが、家族への丁寧な
説明と理解を求めることが大切です。

解　説

1　身体拘束3原則

　高齢者介護施設において職員による高齢者に対する虐待として問題
になるものの一つとして、身体拘束があります。介護施設における身
体拘束は原則として禁止されていますが、緊急やむを得ない場合には
例外的に身体拘束が認められています。

　この例外については、「切迫性」「非代替性」「一時性」の3つの要件
を満たし、しかも、「それらの要件の確認等の手続が極めて慎重に実施
されているケースに限られる」としています（「身体拘束ゼロへの手引き」
（2001年3月　厚生労働省身体拘束ゼロ作戦推進会議））。この「切迫性」「非代
替性」「一時性」が身体拘束3原則といわれるものです。

　切迫性とは、「利用者本人又は他の利用者等の生命又は身体が危険

にさらされる可能性が著しく高いこと」、非代替性とは、「身体拘束その他の行動制限を行う以外に代替する介護方法がないこと」、一時性とは、「身体拘束その他の行動制限が一時的なものであること」をいいます。

　また、要件の確認手続も重要な要素になります。指針の策定、それに基づいた委員会の設置、記録、報告書の作成などが行われていなければ身体拘束として適切とはいえません。

2　身体拘束とハラスメントについての最近の裁判例

　身体拘束の3原則を満たさない身体拘束は介護職員による利用者への身体的ハラスメントになります。

　本設問の事例は、東京地裁平成24年3月28日判決（判時2153・40）を元にしています。

　この裁判は、ある介護老人保健施設に入居中の高齢者が転倒して骨折したことと事後対応が不適切であったことに加え、この骨折事故の前に当該高齢者に対し身体拘束をしていたことが違法として損害賠償を請求したという事案です。

　裁判所は、この介護施設の職員の高齢者の動静への見守りが不足していたとして介護施設の転倒回避義務違反を認定し、約200万円の損害賠償を認めましたが、身体拘束については違法とはいえないとしました。

　身体拘束についての裁判所の判断は、「入所利用契約上、被告は原則として原告の身体を拘束しない義務を負っているが、自傷他害のおそれがある等緊急やむを得ない場合には、施設長等の判断で身体拘束等を行うことがある旨規定しているところからみて、身体拘束は緊急やむを得ないと認められる場合には許容されるというべきである。」とした上で、「本件において、被告は、いずれも原告が1人で歩行しようとするなどしたため、原告は同職員の指示を理解することができない

状況にあったことから、転倒の危険を避けるために一時的に行ったものである」として、切迫性と一時性の要件は満たしているとしました。また、「原告の転倒の危険を避けるために身体拘束が必要であり、他に適切な代替方法があったとは認め難い」として非代替性の要件も満たしているとしました。

　なお、判決では、これら以外の判断要素として、「職員は、原告を車椅子に座らせたまま、エプロン型帯又はY字帯を下腹部付近から車椅子背後で結びつけて、下半身の自由を制限して立ち上がり等を制限し、原告が落ち着くなどした後に拘束を解いた」として、「身体拘束の態様及び方法は必要最小限度である」との事実も加えていることに注意が必要です。

　本事例では、身体拘束の要件を満たしている可能性は高いといえますが、身体拘束の確認のための手続が行われていたかどうかもハラスメント該当性の要素になります。いずれにしても、家族への丁寧な説明と理解を求めることが大切です。

43　介護職員から利用者へのハラスメント（暴力）

　　ある高齢者介護施設のケアマネジャーが、利用者の家族から、施設内で利用者が職員から日常的に暴力を受けているようだとの相談を受けました。ケアマネジャーはこのことを施設長に報告しました。施設としてどのように対応すればよいでしょうか。

　　施設内で介護職員による高齢者への虐待があったかどうかの調査を実施し、虐待があったと思われる場合は速やかに市町村へ報告しなければなりません。

解　説

1　介護職員による高齢者虐待

　高齢者虐待防止対策として、2006年（平成18年）から高齢者虐待防止法が施行されています。この法律で定義されている高齢者虐待とは、「養護者による高齢者虐待及び養介護施設従事者等による虐待」です（高齢虐待2③）。この法律によって高齢者虐待防止策が進められていますが、高齢者虐待の件数は依然として高い水準にあります。

　高齢者虐待防止法は、具体的な虐待行為として、①身体的虐待、②介護・世話の放棄・放任、③心理的虐待、④性的虐待、⑤経済的虐待を挙げています（高齢虐待2④⑤）。介護職員から利用者である高齢者へのハラスメント・暴力は、高齢者虐待の一つになります。

2　介護職員による虐待の発見と通報

　高齢者本人やその家族、職員らから、介護職員による虐待についての相談や苦情申立て、報告等があったときは、施設として、まず事実

確認をする必要があります。この場合に利用者が高齢であることから、明確な証言ができないことも少なくありません。ただ、高齢者の証言しかないとしてもその証言はしっかり記録しておく必要があります。ある事例では利用者の家族が、利用者が入居していた部屋にICレコーダーを設置しておき介護職員の介護時の暴言を録音していました。このような場合に録音を取ることは、違法事実の証拠収集という目的があることから違法とはされません。

　施設での調査結果で虐待が疑われる場合には、市町村への通報が義務付けられます。高齢者虐待防止法21条1項では、介護施設従事者等に対して、自らが業務に従事する介護施設又は介護事業において、高齢者虐待を受けたと思われる高齢者を発見した場合には、速やかに市町村に通報しなければならないとしています。この「虐待を受けたと思われる」とは、虐待があったことが確実であるという場合だけでなく、虐待があったことが疑われる場合も含むとされています。

　なお、高齢者虐待があったことを通報した介護施設従事者に対して、その通報を理由に解雇その他の不利益な取扱いをしてはならないとされています（高齢虐待21⑦）。

44　介護職員間のハラスメントの実態と特徴

　　介護施設の職員間のハラスメントの実態はどういうものでしょうか。また、その特徴はどういう点にあるのでしょうか。

　　ある調査によるとハラスメントを受けた相手としては、利用者や家族よりも上司との回答が最も多くなっています。特徴としては、被害を受けた職員が声を出しにくい構造をいかに克服していくかが問題となります。

解　説

1　介護施設の職員間のハラスメントの実態

　介護施設の職員間のハラスメントの実態調査としては、UAゼンセン日本介護クラフトユニオン（以下「NCCU」といいます。）「職場のハラスメントについて」(2014年6月・7月実施)の調査があります（NCCUホームページを参照してください。）。

　この調査は2014年6月から7月に実施されたもので、回答数329名の内訳は、介護員58.4％、事務職12.2％、ケアマネジャー10.3％などでした。

　アンケートは、職員間だけではなく、利用者や利用者の家族からのハラスメントも含んでいますが、今までハラスメントを受けたことがあるとの回答は44.1％にもなり、受けたことのあるハラスメントで最も被害を受けたものとしては、パワハラが27.7％、モラハラが8.5％、セクハラが7.9％となっています。

　そして注目すべき点は、ハラスメントは誰から受けたかについての回答として、利用者からは16.9％、利用者の家族からは5.4％ですが、

上司からが58.8％と非常に多いということです。

　また、ハラスメントについて誰にも相談しなかったという回答が52.1％もあり、相談しなかった理由として最も多かったのは、「相談しても解決しないと思ったから」ということでした。それ以外には、「相談したことが分かってしまったら後が怖いと思ったから」や、「問題が大きくなると面倒だから」という回答も少なくありません。この回答から、職員間のハラスメントの実態やハラスメント相談に関する問題点が分かります。

2　介護施設の職員間のハラスメントの特徴と対応

　介護施設の職員間のハラスメントには次のような特徴があります。

　(1)　チーム介護のため声を出しにくい

　介護は1人で行うものではなく、さまざまな職種の職員によるチーム介護です。そのため、そのチーム内で上司や場合によっては部下からハラスメントを受けたときに、ハラスメントだと声を出すとチームに迷惑を掛けるのではないかという思いが働くため声を出しにくいことがあります。

　(2)　介護職に就く者として声を出しにくい

　上司から、介護の仕事上のことで厳しく言われたことをハラスメントだと言うと、プロとしての自覚がないと見られるのではないかと考えて声が出しにくいことがあります。

　(3)　ハラスメント被害をハラスメントと認識しないことがある

　介護に携わる職員には、上司から厳しく叱責されたとき、叱責される自分が悪いと考えてしまい上司によるハラスメントという認識がないことがあります。

　介護施設のハラスメントの対応については、これらの特徴に照らして考える必要があります。

　まず、上記(1)については、確かに介護では複数の介護職員が担当してのチーム介護が行われます。ただ、チームでの介護という点では、例えばそのチームのリーダーがチームのメンバーに対してパワハラになる言動があれば、そのチームの結束が失われ十分な介護が実施できません。その意味でもハラスメントと感じたときに声を出すのは、介護の充実につながることを認識することが必要です。

　上記(2)については、介護職に就く者として仕事の上で上司から厳しく言われることはあると思いますが、このことでメンタル不調になってしまうことと、プロとしての自覚の有無は関係がありません。プロとしての自覚を持って仕事をしていても、上司からの行き過ぎた言動によってメンタル不調になることはあります。このような認識をもってハラスメントには声を出すようにすることが大切です。

　上記(3)も同様です。叱責された内容がたとえ自分のミスが原因であるとしても、行き過ぎた叱責はハラスメントになります。自分を責めることは、よりメンタル不調につながります。この場合も行き過ぎた叱責に対しては、ハラスメントとして声を出すようにすべきです。

45　介護職員の上司から部下へのハラスメント（セクハラ）

　　ある介護施設の女性介護職員Aが男性上司Bから受けたセクハラ被害についての施設での調査で、Bは「Aは食事の誘いに応じているしプレゼントも受け取った。セクハラと言われている言動のときも抵抗しなかったからセクハラには当たらない。」と主張しています。このような場合でもセクハラと認定できるのでしょうか。

　　部下が上司と食事に行ったりプレゼントを受け取ったり、セクハラの言動の際に抵抗しなかったとしても、被害者は相手が上司であることからそれを断れなかったという事情が認められることが多く、そのような場合はセクハラ認定は可能です。

解　説

1　職場での上司から部下へのハラスメント

　職場で上司からセクハラ被害を受けた部下が、セクハラ被害のときに抵抗しなかったからセクハラに該当しないとはいえません。

　裁判でも、セクハラの加害者が、被害者が20分間もわいせつ行為を受けながら逃げたり悲鳴を上げなかったのは被害者の行為として不自然だと主張したのに対し、判決は、「職場での上下関係による抑圧や友好的関係を保つための抑圧が働き、これが被害者が必ずしも身体的抵抗という手段を取らない要因として働く」と指摘して加害者の主張を退けています（東京高判平9・11・20判タ1011・195）。

　また、言葉によるセクハラについても、最高裁は、「職場におけるセ

クハラ行為については、被害者が内心でこれに著しい不快感や嫌悪感
等を抱きながらも、職場の人間関係の悪化等を懸念して、加害者に対
する抗議や抵抗ないし会社に対する被害の申告を差し控えたりちゅう
ちょしたりすることが少なくないと考えられる」と判示しています(最
判平27・2・26判時2253・107)。

2　介護施設におけるセクハラ・マタハラの最近の裁判例

　介護施設でのセクハラやマタハラについての裁判例として、札幌地
裁平成27年4月17日判決 (平25(ワ)1377) があります。この裁判の事実関
係は、ある介護老人保健施設で男性の施設長が女性の事務職員に高価
なプレゼントをしたり、何度も食事に誘って食事を一緒にしたのです
が、その後、職員が誘いを断るようになったところ、施設長が職員に
嫌がらせをしたというものです。

　嫌がらせの内容としては、職員にこれまでと全く異なった業務であ
るサクション瓶の洗浄、汚物室のチェック、一般入浴介助を1人でやる
よう命じたり、妊娠を報告した際に「想像妊娠だろう」と言ったりし
ました。

　この裁判で施設長は、プレゼントや食事は職員への気遣いであると
か、異なった業務を命じたのは、職員の業務遂行能力や業務態度に大
きな問題があり職員に担当させる他の適当な業務がなかったからと主
張しました。しかし裁判所は、女性職員が施設長からのプレゼントを
受け取ったり食事に応じたのは、施設長の誘いを断りにくかったから
であるとし、その後の施設長の嫌がらせや発言は、女性職員の人格的
利益を侵害する違法な嫌がらせだとしました。そして判決では、施設
長個人と施設開設者の法人に対し慰謝料と弁護士費用を合わせて77万
円の損害賠償の支払を命じました。

3　対応方法

本設問の事例でもこの判決と同様に、部下が上司と食事に行ったりプレゼントを受け取ったり、セクハラの言動の際に抵抗しなかったとしてもセクハラ認定は可能といえます。

なお、介護サービスを営む会社の介護職員が妊娠し、所長に対し他の軽易な業務への転換を求めたにもかかわらず転換せず、時間給であった職員の勤務時間を一方的に短縮するなどはマタハラ及びパワハラであるとして、会社と所長に対し慰謝料35万円の支払を命じた裁判例があります（福岡地小倉支判平28・4・19判時2311・130）。

46　介護職員の上司から部下へのパワハラ（暴言・暴力）

　A社会福祉法人が経営する特別養護老人ホームBに勤務する介護士Dらが、施設長Cから、叱責を受けるたびに、「品がない」「泥棒さん」「ばか」などと乱暴な言い方をされるとの相談がありましたので、法人として調査をすることになりました。調査ではどのようなことに留意すればよいでしょうか。

　調査では、当事者や目撃者からのヒアリングが中心になります。ヒアリングの準備としては、ヒアリング事項を担当者間で協議しておくことが大切です。ヒアリングを実施するときには、特に被害者の心身の状況に留意することが必要です。ヒアリングは録音し、調査報告書の作成時に内容を確認します。

解　説

1　パワハラの事実調査

　介護施設の介護職員から、上司によるパワハラ被害についての相談があったとき、介護施設を経営する法人としては、まず当事者からヒアリングをする必要があります。

　この調査は、法人として行う場合と施設として行う場合がありますが、本設問のように施設の業務執行の最高責任者である施設長によるパワハラについては、法人として、できれば外部の専門家を入れた調査委員会を組織して調査するのがよいでしょう。

　調査に当たって注意すべきことは次のような点です。

（1）　ヒアリングの準備

ヒアリングに当たって、まずパワハラ該当性の対象事実を確定します。パワハラでは相談内容が多岐にわたることが多いので、その中で調査対象事実を絞ることが必要です。

次に、パワハラの判断基準を確認します。基準になるのは当該介護施設の就業規則やパワハラ防止規程におけるパワハラの定義です。ただ、施設によっては規程化していないことが多いかもしれません。そのときには、Ｑ３の解説にある次のパワハラ防止法の定義を用いるのがよいでしょう。

① 　職場において行われる優越的な関係を背景とした言動
② 　業務上必要かつ相当な範囲を超えた
③ 　労働者の就業環境が害される

この定義において、施設長の職員に対する職場における言動は①の要件を満たすことが多く、また職員の心身に影響が生じている場合は③の要件を満たすことも多いので、パワハラ該当性の判断としては②が中心になるでしょう。

ヒアリング事項は事前に調査委員で協議しておきます。ヒアリングの呼出しでは、特にパワハラをしたとされる相手に対しては秘密保持と相談者に対する不当な圧力、中傷行為、不利益な扱い等の禁止を伝えます。本設問の場合、相手は施設長なので特にこのことが必要です。

（2）　当事者と第三者のヒアリング

ヒアリングは、相談者とパワハラをしたとされる相手から、それぞれ詳しく事実を聴き取ります。録音は必須です。相談者がヒアリングで体調不良を訴えることもありますので、そのときはヒアリングの中断あるいは延期を検討します。パワハラをしたとされる相手には、事実を一つ一つ確認して弁明を聞きます。

パワハラの目撃者がいるときは、証人としてヒアリングをします。

また、他にもパワハラ被害を受けた職員がいることが分かれば、その
職員のヒアリングも必要です。

　(3)　ヒアリング終了後

　ヒアリング終了後は、ヒアリング記録と関係資料を検討します。ヒ
アリングの録音の確認等により調査報告書を作成します。この調査報
告書は懲戒処分の検討の際にも用いられますので、事実認定とパワハ
ラ該当性について慎重に検討しなければなりません。法的な判断が加
わりますので、弁護士等の専門家の助言があるとよいでしょう。

　法人が調査委員会の調査結果から何らかの懲戒処分の必要があると
判断したときは、懲戒審査に入ります。この手続については就業規則
の規定に従います。

2　介護職員へのパワハラについての最近の裁判例

　本設問の事例は、福岡地裁令和元年9月10日判決（判時2460・108）を元
にしています。

　この裁判は、ある社会福祉法人が設置した特別養護老人ホームの施
設長が複数の介護職員に対し、日常的に、「品がない」「ばか」「泥棒さ
ん」などと発言したことは、パワハラとして介護職員から損害賠償請
求をしたというものです。

　裁判所は、施設長の言動はパワハラとして不法行為に該当するとし
て、法人と施設長に対し、介護職員に15万円から30万円の慰謝料の支
払を命じました。

47　介護職員の上司から部下へのハラスメント（自殺例）

　　介護職員の中には、メンタル不調から深刻な精神障害を発症する職員も少なくないと聞いています。施設を運営する法人としてどのような配慮が必要となるでしょうか。

　　施設管理者である法人には、介護職員に対し安全配慮義務があります。特に介護職員がメンタルの不調によって深刻な精神障害を発症することのないよう必要な配慮をすべきです。介護施設が安全配慮義務を尽くさなかったため介護職員が自殺したとして法人（施設長など）の責任を認めた裁判例があります。

解　説

1　施設管理者の職員に対する安全配慮義務

　施設管理者である法人は、介護職員に対して労働契約上の安全配慮義務があります。そして使用者である法人に代わって、施設において業務上の指揮監督をする者の安全配慮義務違反は法人の責任となります。

　この安全配慮義務として、業務の遂行に伴う精神的負荷が蓄積し心身の健康を損なわないように必要な配慮をすべきものとされています。これがメンタル不全に関する安全配慮義務といわれるものです。

2　介護職員のパワハラによる自殺と法人の責任

　介護職員が深刻な精神障害を発症し自殺したことについて法人の責

任を認めた裁判例として、岡山地裁平成26年4月23日判決（労ジャ28・
31）があります。この裁判の事実関係は次のようなものです。

　ある社会福祉法人が管理するデイサービスセンターで、バスによる
利用者の送迎、食事・入浴介助等の業務に従事していた介護職員が、
同センターの生活指導員から度重なる叱責等の厳しい指導を受けたこ
とを思い悩んだ上、焼身自殺を図り病院で治療を受けたが死亡したと
いうものです。

　裁判所は、生活指導員の介護職員に対する口調が厳しく気分によっ
て波があり、その叱責によって介護職員の顔色が変わってもさらに叱
責を繰り返したもので、このことにより介護職員の精神障害が発病し
たと認定しました。その上で、法人に代わって業務上の指揮監督をす
る施設長は、介護職員が精神的に落ち込み、仕事ができなくなってい
る状態であることや、このままでは心身の健康を損なうことを認識し
得たにもかかわらず、配置転換などの対策を採らなかったことは安全
配慮義務に違反することから法人に責任があるとしました。

　この裁判で、裁判所が施設長の義務違反として指摘したことの一つ
として、他の介護職員が、この介護職員が生活指導員の厳しい叱責の
ため仕事ができなくなったため、施設長に対し、生活指導員か介護職
員のどちらかを配置転換するよう申し出ていたにもかかわらず、それ
をしなかったことを挙げています。この裁判は、介護職員がパワハラ
によってメンタル不全になったときの施設長などの管理職の安全配慮
義務として何が必要かを示しています。

　なお、有料老人ホームの職員が業務上の原因でうつ病を発症し自殺
したことについて、施設を運営する会社の安全配慮義務違反を認めた
裁判例として、前橋地裁平成22年10月29日判決（判タ1361・192）があり
ます。

48　介護職員の同僚からのハラスメント（セクハラ）

　ある介護施設の介護福祉士が、同じ施設の介護職員からセクハラを受けたという相談がありました。相談員としてセクハラ相談を受けるときどのようなことに注意すればよいでしょうか。

　セクハラ相談については、相談員の人選、相談に当たっての説明、被害の確認など相談者に配慮した相談対応が必要となります。

解　説

1　セクハラ被害相談の進め方と注意点

　ハラスメントの被害相談については、Q10で相談員の心構えをまとめていますので、ここではセクハラ相談についての注意点を挙げておきましょう。

　(1)　相談員の人選

　セクハラ被害は、被害者が女性であることが多いため、原則的には、相談担当者は女性が妥当です。また、小規模な介護施設では難しい場合もありますが、できるだけ相談者と異なった部署から選ぶのがよいでしょう。

　(2)　相談に当たっての説明

　セクハラ相談に来る被害者は、相談の秘密が守られるだろうか、相談したことで嫌がらせや不利益な扱いを受けないだろうか、相談をした後の手続はどうなるのだろうかなどの不安で一杯です。その不安を和らげるためには、相談について丁寧に説明することが必要です。これは口頭よりも、できれば前もって説明内容を文書にしておいて相談

者に渡して、それに沿って説明するのが適切です。

　この説明の中で、相談の後の手続の説明は重要です。特に、加害者とされる相手が事実を否定したらどうなるのだろうかという不安については、その場合の手続についての詳しい説明が必要です。この手続は介護施設によって異なりますが、相談者と相手との主張が異なった場合には事実調査手続を実施しますので、その場合に誰がどのような調査をするかをその介護施設の規程やチャートを示して説明するようにしてください。

　(3)　セクハラ被害の確認と相談記録の取り方

　セクハラ被害の場合、そのほとんどは1対1で起こります。そのため目撃者がなく、被害事実の確認は被害者の証言によることになります。ただ、相談時に相談者が被害を理路整然と語ることはまずありませんので、丹念に聴き取る中で事実関係を整理して確認する必要があります。この被害確認時に言ってはならない発言についてはQ10を参照してください。

　セクハラ被害では被害者の相談内容が後の被害認定のための重要な資料となりますので、相談記録は丁寧に取らなくてはなりません。できれば相談時の相談員のうち1名は記録担当とするのがよいでしょう。

　(4)　相手と関係者からの事情聴き取り

　相談者からの相談を聴き取った後、事案の解決を図るため、相談の段階で相談員がセクハラをしたとされる相手から事情を聴き取ることがあります。その場合に相手がセクハラの事実を認める場合は、謝罪などによる解決を進めるようにします。加害者とされる職員がセクハラとの認識がない場合もありますので、その場合には相談員から相談者の受けた思いを伝えて加害者としてしっかり認識を持つように助言します。このような認識のない場合の形だけの謝罪は意味がありません。

　相手がセクハラの事実を認めない場合は、その主張を相談者の時と同様に丁寧に聴き取って記録に取ります。目撃者などの関係者からの聴き取りをすることもあります。ただこのような場合には相談だけでは解決が難しいので、事実調査手続に移行することが多いでしょう。

2　介護施設の職員間のセクハラについての裁判例

　介護施設の職員間のセクハラについての裁判例としては、甲府地裁平成29年7月11日判決（労ジャ68・61）があります。この裁判の事実関係は次のようなものでした。

　ある市が運営する介護老人保健施設Aにおいて、介護福祉士として勤務していた女性職員Bが同じ施設に勤務していた男性理学療法士Cからセクハラ及びパワハラを受け、Bの上司と施設の責任者はその被害に対して必要な措置を取らなかったとして、市に対し慰謝料200万円を請求したものです。

　この裁判でBは、Cが大腿部と臀部を触ったこと、体重を聞いたこと、心療内科の受診を勧めたことをセクハラであると主張しました。しかし裁判所は、Cが大腿部と臀部を触ったのは施設ホールでの雑談中にBがソフトボール大会での筋肉痛を訴えたため軽く触ったもので、不適切ではあるが不法行為とまではいえないとしました。また、体重を聞いたり心療内科の受診を勧めたことも違法とはいえないとし、請求を棄却しています。

49　介護職員のパワハラに起因する労災

　介護職員がパワハラ被害によって精神障害を発症したとして労災請求したときに労災に該当するかどうかはどのような基準があるのでしょうか。

　2020年6月に労災認定の判断基準である「心理的負荷による精神障害の認定基準」（以下「認定基準」といいます。）が改正され、パワハラに起因する労災の判断基準が明確になりました。

解　説

1　パワハラに起因する労災

　パワハラの労災認定基準については、2020年6月にパワハラ防止法が施行されたことを踏まえ、労災認定の判断基準である認定基準が改正されました（「業務による心理的負荷評価表」（令2・5・29基発0529第1））。

　この改正では、これまでパワハラについては、「（ひどい）嫌がらせ・いじめ、又は暴行を受けた」という具体的出来事に当てはめて評価されていたのですが、改正によって、パワーハラスメントが独立した項目となり、上司等の優位性のある者から身体的攻撃、精神的攻撃等のパワーハラスメントを受けたという出来事と、同僚等の優位性のない者から暴行又は（ひどい）いじめ・嫌がらせを受けたという出来事に分けて評価されるようになりました。

　また、心理的負荷の強度を「弱」「中」「強」と判断する具体例も示されました。この評価表で「強」とされる具体例としては、「人格や人間性を否定するような、業務上明らかに必要性がない又は業務の目的を大きく逸脱した精神的攻撃」や、「必要以上に長時間にわたる厳しい

叱責、他の労働者の面前における大声での威圧的な叱責など、態様や手段が社会通念に照らして許容される範囲を超える精神的攻撃」が挙げられています。

　介護施設として留意すべきことは、この評価表で、心理的負荷としては「中」程度の身体的攻撃、精神的攻撃等を受けた場合でも、会社に相談しても適切な対応がなく、改善されなかった場合は「強」と判断されることです。この点でもパワハラに対しての組織としての迅速な対応が求められているといってよいでしょう。

　なお、2022年6月に公表された令和3年度の精神障害による労災補償状況によると、全体の申請件数は令和2年度の2,051件から2,346件に増加しています。業種別では、医療・福祉が最も多くなっています。医療・福祉の中では、社会保険・社会福祉・介護事業が最も多く、次いで医療業となっています。これは、医療・福祉の職に就いている人が精神障害を発症する割合が高いことを示しています。

　パワハラによる精神障害については、請求に対して、支給・不支給を決定した件数は、令和2年度では180件でしたが、令和3年度は242件と大幅に増加しています。支給決定件数も、令和2年度では99件でしたが、令和3年度は125件とやはり大きく増加しています。支給決定のうち、自殺（未遂を含みます。）例が12件となっていることも精神障害の深刻さを示しています。

　なお、セクハラについては、支給・不支給決定件数は、令和2年度は90件でしたが、令和3年度は97件と増加しています。支給決定件数も、令和2年度では44件でしたが、令和3年度は60件とやはり大きく増加しています。

2　介護職員の労災に関する最近の裁判例
　介護職員の労災に関する最近の裁判例としては、高松高裁令和3年

12月8日判決（令2(行コ)4）があります。この裁判は、介護老人保健施設において看護師長として勤務していた看護職員が、在職中に発症した適応障害は月100時間の時間外労働や入所者数95人を確保するとのノルマのほか、会議で理事長から執拗な叱責を受ける等のパワハラによるものとして休業補償給付の労災請求をしたのですが、業務起因性が認められないとして不支給処分を受けたため、その取消しを求めたものです。

　一審の高松地裁令和2年6月16日判決（労経速2425・13）は、時間外労働やノルマによる心理的負荷についての原告の主張は認めませんでした。そして理事長からの叱責等によるパワハラについても、理事長は施設の代表者として入所者数が増加しない理由を原告に尋ねることは業務上必要なことであり、態様としてやや強い口調であったとはいえ、業務指導の範囲内を超えるような指導や叱責とまでは認められないとして原告の請求を棄却しました。

　控訴審の高松高裁も、原告の主張する施設長による無視等のパワハラも認めず、控訴を棄却しました。

　その他のパワハラの労災認定についての裁判例としては、大阪地裁平成25年6月12日判決（平23(行ウ)2）があります。この裁判例は、ある市の指定居宅介護サービス事業者等給付費請求に関する調査業務に従事していた職員から、業務を外されたショックによる精神障害についての労災認定についての事案です。裁判所は、当該職員の疾病と公務との間に相当因果関係は認められないとして原告の請求を棄却しています。

50　介護事業者による人事上のパワハラ（配転命令）

　　介護事業者が、ある特定の介護職員に対して嫌がらせ目的で配置転換命令（配転命令）を繰り返すのは、パワハラとなるのでしょうか。

　　配転命令そのものは人事権の行使なのでパワハラとはいえませんが、ある特定の介護職員を退職させるために配転命令を繰り返すことは、事業主によるパワハラといえます。このような場合、配転命令が無効となるだけでなく、事業主には不法行為に基づく損害賠償義務が生じます。

解　説

1　介護施設における配転命令とパワハラ

　配転命令に関しては、医療機関についてのQ31で解説しましたが、介護施設においても介護職員に対する配転命令がパワハラとして違法かどうかが争いになることがあります。

　配転命令については、一般的には就業規則等に包括的な根拠規定が置かれているなど、通常は使用者に配転命令権が認められることが多いといえます。しかし、使用者による配転命令は無制約に行使できるものではなく、Q31の解説のとおり、①業務上の必要性が存在しない場合、②著しい職業上又は生活上の不利益がある場合、③不当な動機や目的がある場合等は権利の濫用として無効となります（最判昭61・7・14判タ606・30）。このような権利濫用に当たる配転命令は無効となるだ

けでなく、パワハラとして事業主には不法行為に基づく損害賠償義務
が生じます。

2　介護施設における配転命令についての最近の裁判例

　介護施設における配転命令についての最近の裁判例として、札幌地
裁令和3年7月16日判決（労判1250・40）があります。

　この裁判の事実関係は次のとおりです。ある医療法人が運営する介
護老人保健施設（職員数約70名）のデイケア部門に勤務していた介護
職員に対し、デイケア部門の休止を理由にそれまでなかった課を設け
てその課への配転を命じました。その課の所属は原告1人で、アパー
トの居室を事務所とし居室内には監視カメラが設置されていました。

　次いで法人は、夜勤ができない状況の原告に夜勤のある入所部門へ
の異動を命じました。このような配転命令を受けた原告が法人に対
し、「追い出し部屋」での勤務を指示されるなどのパワハラを受けたと
して配転命令の無効と損害賠償を求めて訴訟提起をしました。

　裁判所は、法人が原告に対して命じた配置転換は、原告をデイケア
部門から配置転換させる業務上の必要性はないのに、原告を施設から
隔離して監視カメラの設置された異様な環境で孤立させ、退職に追い
込むという不当な動機・目的によって行われたものとして無効とし、
原告には法人が命じた入所部門で勤務する義務はないとし、法人に対
し慰謝料100万円等の支払を命じました。

　その他に介護職員に対する人事権の行使の有効性が争われたものと
して、東京地裁令和2年6月9日判決（平31（ワ）8064・令元（ワ）22839）は、居
宅介護サービス事業等を目的とする株式会社を退職した介護職員が、
退職に際して代表者から受けた退職勧奨はパワハラであると主張した

事案です。裁判所は、介護職員の退職は自らの判断によるもので退職勧奨によるものではないとして介護職員の請求を棄却しました。

　静岡地裁平成26年7月9日判決（労判1105・57）はセンター長の適応障害は業務に起因するものであり降格人事及び退職処分は無効とし、さらに法人に対して慰謝料50万円の支払を命じています。

51　介護事業者による人事上のパワハラ（普通解雇）

　　ある特別養護老人ホームの介護職員が、食事介助に際し誤嚥防止のために嚥下反射を見ながら進めるという配慮をしなかったり、解除作業で注意されたことに対して「ごちゃごちゃうるさい」と反論するなど同僚職員の指導や助言を聞き取ろうとせず、施設長からの注意も無視します。このような職員を解雇することはパワハラになるのでしょうか。

　　上司の指示に従い、他の職員と協同して業務を遂行するという組織の中で職務を遂行するに当たり、その職務遂行に求められる基本的な姿勢が欠けており、注意をしても改善しようとしないなどの理由で解雇することはパワハラとはいえません。

解　説

1　使用者による職員の普通解雇

　解雇には、使用者が雇用契約を終了させる普通解雇、懲戒処分としての懲戒解雇、人員削減のための整理解雇があります。普通解雇について民法は、使用者はいつでも雇用契約の解約を申し入れることができるとして解雇自由の原則を定めています。しかし、普通解雇は無制限ではなく、解雇が客観的に合理的な理由を欠き、社会通念上相当であると認められない場合は権利の濫用として無効となります(労契16)。このような無効となる普通解雇は人事上のパワハラといえます。

　普通解雇の要件としての「客観的に合理的な理由」として、労働者

の能力不足や職務不適格が理由とされる場合があります。ただ、能力不足・職務不適格によって直ちに解雇が有効とされることにはならず、そのことにより企業経営や運営に現に支障・損害を生じ又は重大な損害を生じるおそれがあり、企業から排除しなければならない程度に至っていることを要するとされています（東京地決平13・8・10判タ1116・148）。

2　介護施設における普通解雇についての最近の裁判例

　本設問の事例は、東京地裁平成31年3月7日判決（労ジャ89・42）を元にしています。この裁判の事実関係は次のようなものでした。

　ある特別養護老人ホームの介護職員が、食事介助に際し誤嚥防止のために嚥下反射を見ながら進めるという必要な配慮をしなかったり、介助作業で同僚職員から注意されたことに対して「ごちゃごちゃうるさい」と反論するなど上司や同僚職員の指導や助言を聞き取ろうとしませんでした。あるとき介護職員は、同僚職員から注意されたことに対して同僚職員の胸の辺りを押したためけん責処分を受けました。しかし、その後も介護職員の勤務態度は改まりませんでしたので、法人は介護職員を普通解雇しました。これに対して介護職員が解雇は無効として訴訟を提起しました。

　裁判所は、普通解雇は有効とし、介護職員の請求を棄却しました。判決では、「原告には、上司の指示に従い他の職員と協同して業務を遂行するという、組織の中で職務を遂行するに当たり求められる基本的な姿勢が欠けているといわざるを得ない」とし、「原告がけん責処分により改善の機会が付与されたにもかかわらず、その後も自己の勤務態度を改めることがなかった経緯も踏まえると、原告の勤務態度について、指導等による改善が見込めるものでもない」として、解雇は社会通念上相当としました。

　その他の解雇に関する裁判例としては、大阪高裁平成26年7月11日判決（労判1102・41）があります。この裁判は、診療所に勤務していた看護師が訪問介護ステーションでの業務を命じられたのですが、その訪問介護ステーションが設立要件を満たしていないことなどからそこでの業務を拒否したところ解雇されたことについて、法人に対し損害賠償を命じました。このような違法行為を拒否することは正当な行為ですので業務拒否を理由とする解雇は無効となります。

52　介護施設によるパワハラを理由とする処分（施設長の解任）

　　特別養護老人ホームの施設長が、介護職員に対してパワハラをするなど施設長として不適切な行為が度重なり注意しても改善しません。法人としては施設長を解任したいと考えていますが、どういうことに留意すればよいでしょうか。

　　施設長としての能力が不足していたり、適格性が欠如している場合には降格処分として施設長を解任できます。ただし、その解任について、退職させるためなどの不当な動機や目的があるときは無効となります。

解　説

1　人事上の降格処分

降格処分には、人事上の降格処分と懲戒処分としての降格処分があります。人事上の降格処分は職位や役職を引き下げる降格処分です。この処分は事業主の人事権の行使として可能ですが、降格に相当な理由がなく、降格による労働者の不利益が大きい場合には人事権の濫用として無効になります。

また、降格処分が不当な動機・目的をもって行われた場合は、人事権の濫用とされます。例えば、退職勧奨に応じないときの報復としてのもの、嫌がらせ（パワハラ）目的によるものなどです。

2　介護施設の施設長の降格処分についての最近の裁判例

施設長はその介護施設のトップとして、利用者、家族からのクレー

ム対応、事故対応、職員間のトラブル、感染症対策などの多様な施設
運営に携わらなくてはなりません。このような職務を遂行していく上
で施設長としての能力が不足していたり、適格性が欠如している場合
には降格処分がなされることがあります。

　本設問の事例は、大阪高裁平成29年7月7日判決（労経速2325・27）を元
にしています。この裁判の事実関係は次のようなものです。

　ある法人が運営する特別養護老人ホームの施設長に就任した職員に
対し、不適切な言動や問題行動が度重なるとして就任3年半後に、法人
が施設長を解任しました。なお、就業規則には、降任として、勤務成
績が不良であり職務を遂行する上で支障を来たすと認めた場合に行う
とされていました。法人が問題とした主な言動は、死亡した入所者の
遺留品確認書の署名押印の取忘れ、入所者負傷事案報告の遅延、重要
な会議の欠席や会議でのハラスメントに当たる暴言などでした。

　一審の奈良地裁葛城支部平成29年2月14日判決（労経速2311・20）は解
任処分を有効としました。控訴審の大阪高裁も一審同様、解任処分は
有効としました。その理由として、原告の言動は特別養護老人ホーム
の管理職である施設長としての業務遂行の適格性を疑わせる不適切な
事情に該当するとしました。施設長の言動はどれも施設としての信頼
性を著しく失わせるもので、裁判所が解任処分を有効としたのは妥当
な結論でしょう。

索　引

判例年次索引

○施設別・テーマ別に掲載しています。

Q＆A　医療機関・介護施設における
　ハラスメント対策
　－現場対応のポイント－

令和5年2月8日　初版発行

著　者　井　口　　　　博

発行者　新日本法規出版株式会社
代表者　星　　　謙　一　郎

発　行　所　　新日本法規出版株式会社

本　　　社
総轄本部　　（460-8455）　名古屋市中区栄1－23－20

東京本社　　（162-8407）　東京都新宿区市谷砂土原町2－6

支　　　社　　札幌・仙台・東京・関東・名古屋・大阪・広島
　　　　　　　高松・福岡

ホームページ　　https://www.sn-hoki.co.jp/

【お問い合わせ窓口】
　新日本法規出版コンタクトセンター
　📞 0120-089-339 （通話料無料）
　●受付時間／9：00～16：30（土日・祝日を除く）